惊奇就是科学的种子。

——爱迪生

这不科学啊团队 著

原来科学这么好玩 上

SCIENCE NONONO

▶ 阿基米吴 & 陈会玩

中国致公出版社

图书在版编目（CIP）数据

原来科学这么好玩. 上 / 这不科学啊团队著. -- 北京：中国致公出版社, 2021（2021.12重印）
ISBN 978-7-5145-1823-8

Ⅰ. ①原… Ⅱ. ①这… Ⅲ. ①科学知识－青少年读物
Ⅳ. ①Z228.2

中国版本图书馆CIP数据核字(2021)第033672号

原来科学这么好玩　上 / 这不科学啊团队　著
YUANLAI KEXUE ZHEME HAOWAN SHANG

出　　版	中国致公出版社 （北京市朝阳区八里庄西里100号住邦2000大厦1号楼西区21层）
出　　品	湖北知音动漫有限公司 （武汉市东湖路179号）
发　　行	中国致公出版社（010-66121708）
作品企划	知音动漫图书・文艺坊
责任编辑	丁琪德　许子楷
责任校对	邓新蓉
装帧设计	郑雨薇
责任印制	程磊
印　　刷	武汉新鸿业印务有限公司
版　　次	2021年8月第1版
印　　次	2021年12月第4次印刷
开　　本	875 mm × 700 mm　1/16
印　　张	7.5
字　　数	106千字
书　　号	ISBN 978-7-5145-1823-8
定　　价	39.8元

前言

亲爱的朋友们：

我想先问问你们最喜欢“这不科学啊”中的哪一个视频？

让我猜一猜，是万物皆可立、杯子里的彩虹雨？还是口香糖开椰子、手抓饼测光速？

看到这些好玩的实验，你们是不是也会手心痒痒，跃跃欲试却又不知从何下手呢？是不是在实验失败的时候百思不得其解，为什么没能掌握阿基米吴的“魔法”呢？又是不是会在实验成功后惊呼一声：“这不科学！这到底是为什么”呢？

随着这样的疑惑在“这不科学啊”的评论区越来越多，我们感受到了身为科普教育自媒体的责任，也许，是时候给大家一个“科学的交待”啦！

所以，这不科学啊团队在今年做了一个全新的尝试——我们把这些有趣的实验变成了漫画书，希望你在哈哈大笑的同时，也能学习到里面的科学。

相信在你翻开这本书后，你会对科学有全新的认识。提起科学，我们不必想到宇宙中的星云、显微镜下的 DNA 双螺旋、深海里发着幽光的水母……科学一直伴随着我们，无处不在。

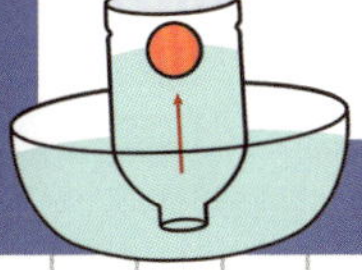

当我们阅读书上的文字时，科学在我们眼前；当我们伴着雨声入睡时，科学在我们耳边；当我们抬头感受阳光洒下，细嗅空气中泥土的味道时，科学也随着微风拂过我们的脸庞。它是我们看到的每一抹色彩、聆听的每一丝声音、嗅到的每一种气味。万事万物，目之所及皆有科学的身影。

也许此时你觉得自己和科学还不太熟，那就让我们通过这本书和科学成为好朋友吧！它会教你将彩虹装进杯子里，让纸上的画“动”起来，让污浊的水变得清澈，让看不见的声音“显形”……不如，从现在开始就试一试吧！不用感到陌生和紧张，实现这些宛如魔法的炫酷实验，不用精巧的设备，更不用高深的学识。你所需要准备的仅仅只是一张纸、一支笔、一杯水或一本书，以及最重要的，一颗勇于尝试的心。

慢慢地，你会发现：原来科学这么好玩！

如果你也想变成阿基米吴一样的科学少年，让我告诉你，从现在开始，你也可以。

—— 这不科学啊团队

原来科学这么好玩

SCIENCE NONONO

安全第一！

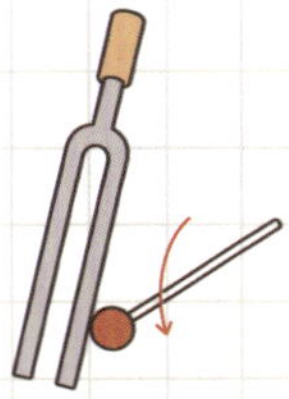

为了保护读者的安全，我们在每个实验标题旁边使用了与交通信号灯相同的红、黄、绿三种颜色来标识本书实验的风险系数。

● 红色代表该实验会使用明火、厨具或大功率电器，有可能引发火灾，需要大人陪同才能开展。

● 黄色代表该实验会用到刀具等尖锐物体和低毒性化学物品，需要在实验中多加注意，避免割伤或误饮中毒。

● 绿色代表该实验基本不存在安全风险，可以放心大胆地独自完成，要留心别把实验器材打碎了噢。

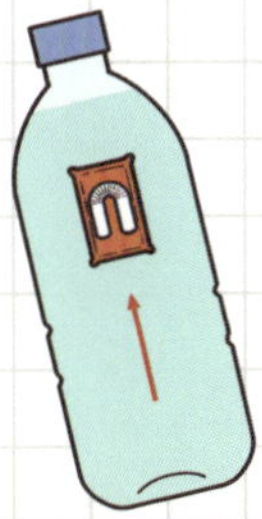

扫描二维码，观看阿基米吴和陈会玩真人实验视频，一起玩转科学的快乐星球！

ARCHIMEWU

目录

Catalogue

第一辑 万物皆可立

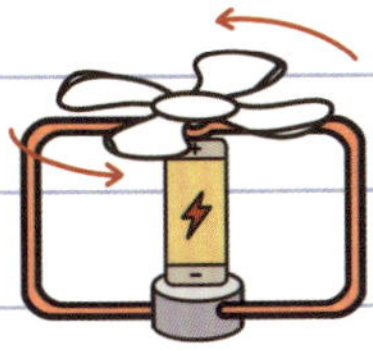

第二辑 好玩的声、光、电、热

第三辑 会变魔法的数学

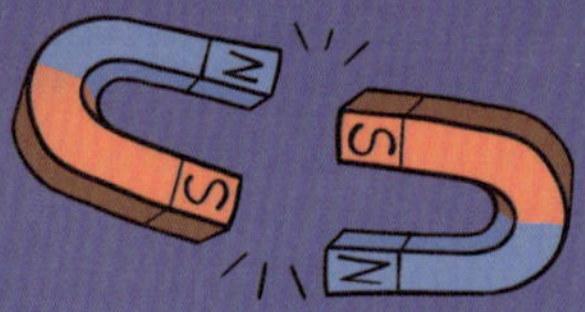
N
S
S
N
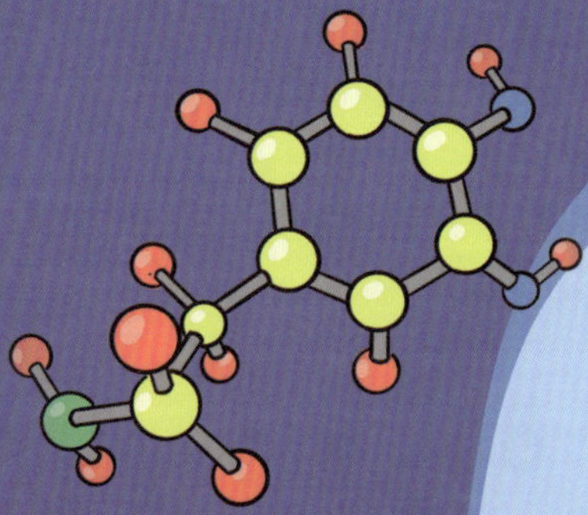
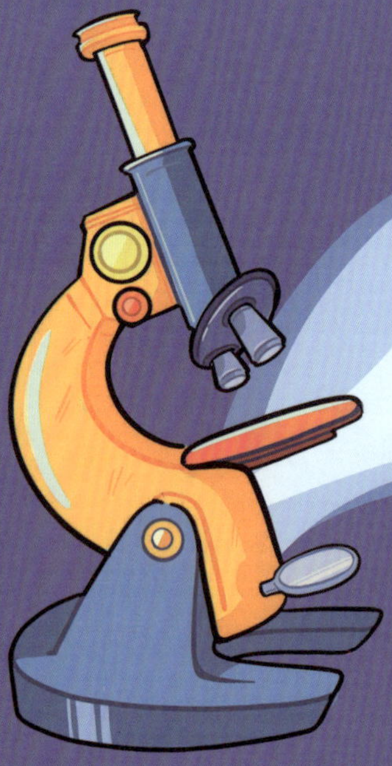

第一辑

万物皆可立

鸡蛋大力士 你能做到吗？

阿基米吴！
嗯？
陈会玩
阿基米吴
这重量你行不？
这重量鸡蛋都能举起来。
这鸡蛋我放上去就碎了！不行吧？
那你看好了。我只需要给鸡蛋套上两个圆环就行。
这也行？
陈会玩
阿基米吴
什么道理？
受力和压强的运用。懂了吧？
阿基米吴
陈会玩
懂了！那我骑摩托车一定要戴头盔！

实验需要的器材

生鸡蛋、小号的透明胶带、大瓶（4.5 L 左右）矿泉水（或其他可以放在胶带上的重物，如杠铃片等）、卫生纸筒

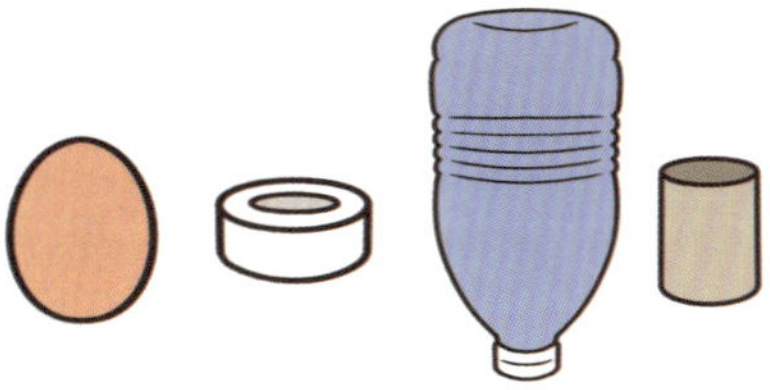

1. 首先把卫生纸筒立在桌上，将鸡蛋尖部叠放在卫生纸筒上。

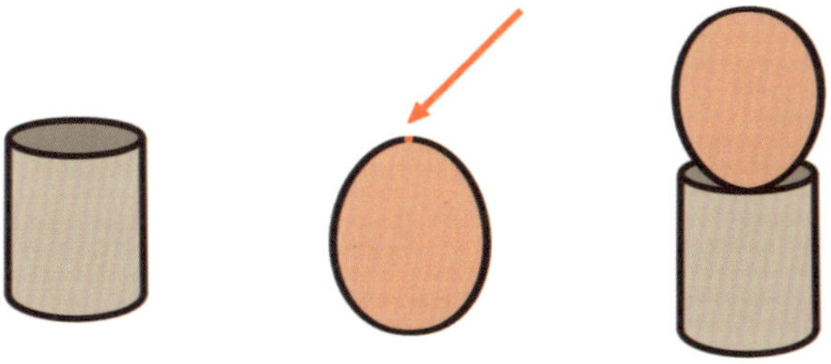

2. 在鸡蛋上方放一个透明胶带（一定要放平）。

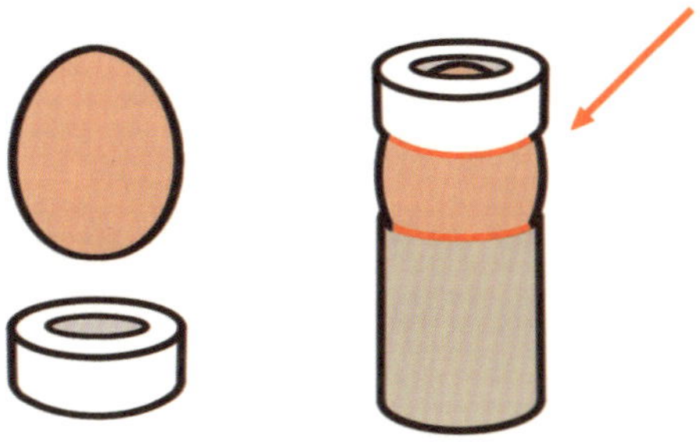

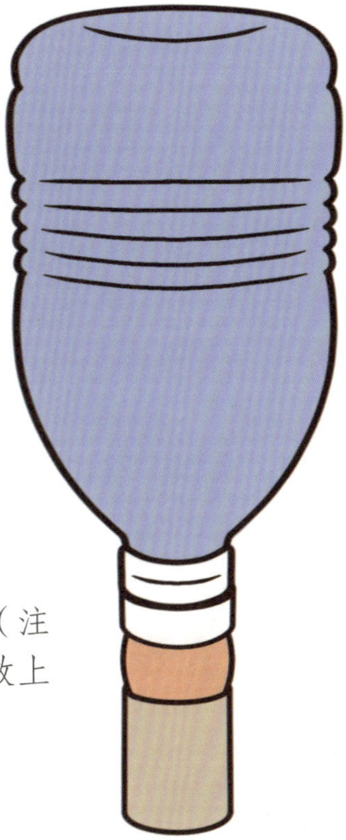

3. 将重物小心地放在透明胶带上（注意保持平衡避免重物滑落），即使放上很重的物体鸡蛋也不会被压碎。

是什么让鸡蛋成为大力士？

压强：物体单位面积上受到的压力叫压强。当物体所受的压力一定时，受力面积越大，压强越小，压力的作用效果越不明显；受力面积越小，压强越大，压力的作用效果越明显。

鸡蛋在直接接触重物的情况下，受力面积仅为一个点，因此压强很大，超过了蛋壳承受力度，鸡蛋被压碎。但在放上胶带后，受力面积由一个点变为了一个圆环，受力面积增大，因此鸡蛋能承受更大的质量。

敲黑板：压强的应用在生活中很常见！

大型货车和卡车的轮胎多而宽，是因为大型车辆的质量往往很大，增加轮胎数量和宽度能增大汽车与路面之间的受力面积，减小汽车对路面的压强，保护路面并防止车胎被压爆。

菜刀刀刃做得锋利，是通过减小受力面积的方式增大压强，这样无需用太大力气便能切开食物，所以菜刀的刀刃用久了变钝，就需要重新打磨让它变得锋利。

你知道压强的单位帕（斯卡）是怎么来的吗？

帕斯卡是法国数学家、物理学家、哲学家。他从小就显现出了超乎常人的数学天赋，12 岁就独自证明了三角形的内角和等于 180°，16 岁就提出了著名的“帕斯卡定理”。他 23 岁时开始研究大气压强和液体静力学，发现了大气压和海拔高度的关系，提出了连通器原理等理论。为了纪念他做出的贡献，人们就用他的名字命名压强的单位。

课本大发现：（这些知识课本里都能找到哦！）

压强：《物理》八年级下册 第九章第一节

天才思维会发散 你明白了吗?

—— 外出旅行，陷入流沙和沼泽该如何自救? ——

我们外出旅游时，有可能遇到危险的沼泽和流沙。如果一不小心掉进去，很有可能丧命。遇到这种紧急情况，该如何自救呢？活命之道是：切记不要挣扎，应采取平卧姿势，尽量扩大身体与流沙的接触面积，慢慢移动。

在保证自己不陷入沼泽和流沙的前提下又该如何逃生？逃生法则：如身旁有树根、草丛，可拉它借力移动身体。如果只有自己一人，朝天躺下后，轻轻移动手脚，用背泳姿势慢慢移向硬地。如有手杖，可插在沙中支撑身体。

笔记

能提起米的筷子 你能做到吗？

实验需要的器材

筷子、窄口瓶、
大米

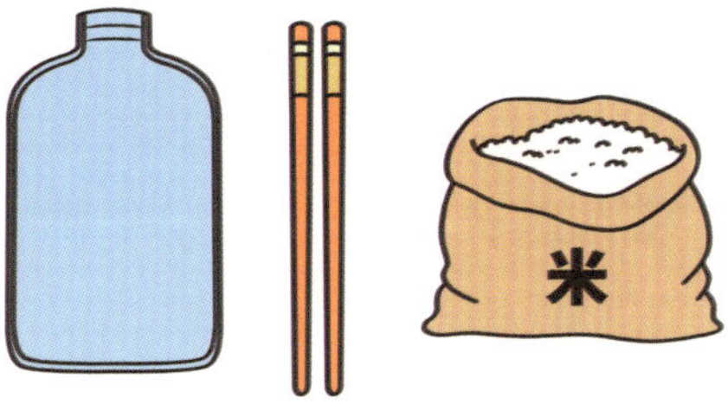

1. 将大米装满瓶子，并压实。

2. 把筷子从瓶口插进大米中，
用力压紧筷子周围的大米。

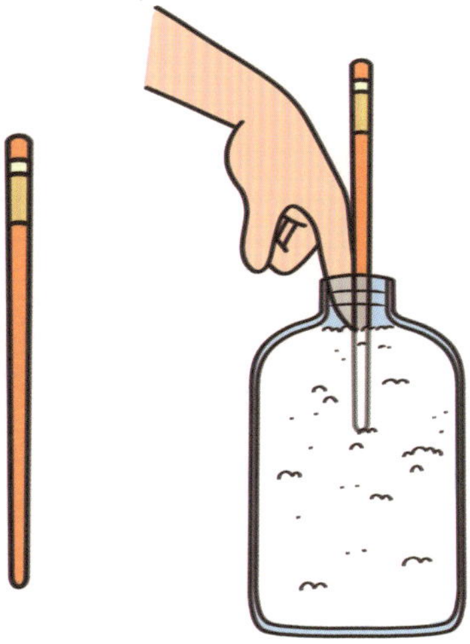

3. 最后只提筷子，就
可以将大米提起来啦！

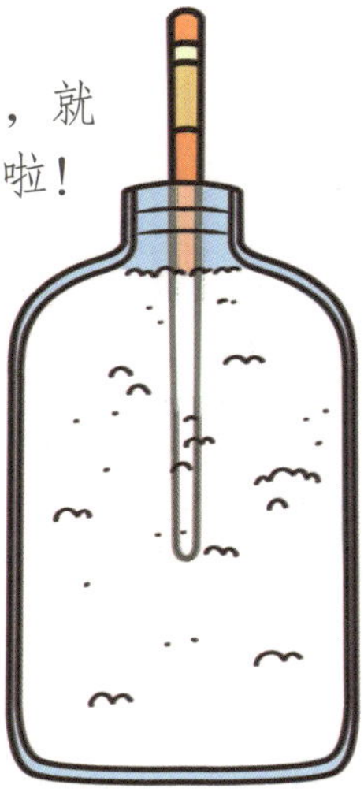

为什么筷子能提起来？

摩擦力：摩擦力是指阻碍物体相对运动（或相对运动趋势）的力。其方向与物体相对运动（或相对运动趋势）的方向相反。摩擦力分为静摩擦力、滚动摩擦力、滑动摩擦力三种。

二力平衡：如果物体在两个力的作用下处于平衡状态，那么这两个力是相互平衡的。

在这个实验中，压紧实的米和筷子之间有很大的静摩擦力，当摩擦力和重力达到平衡时，米和瓶子就能被筷子轻松提起来。

有的同学在做实验的时候可能会使用瓶口过大的瓶子，或者白米颗粒过大压不紧，导致实验失败。这时可以换一个窄口瓶或者往瓶子里倒入一定量的水，减少米和筷子、米和米、米和瓶子之间的空气，增大筷子和米之间的摩擦力。

敲黑板：摩擦力用处大！

下雪天路上结冰，环卫工人会在冰上撒煤屑、沙子等，目的也是通过改变车轮和道路接触面的粗糙程度增大摩擦力，防止车辆打滑。

家里的钥匙很难插入锁孔时，可以用小刀刮下一点铅笔芯粉末倒进锁芯，铅笔芯粉末可以起到润滑作用，降低锁孔表面的粗糙程度，从而减小钥匙和锁芯之间的摩擦力，使钥匙更容易插入。

课本大发现：（这些知识课本里都能找到哦！）

二力平衡：《物理》八年级下册 第八章第二节

摩擦力：《物理》八年级下册 第八章第三节

天才思维会发散 你明白了吗?

——液体也有摩擦力吗?——

你是否发现，从玻璃杯中倒出水来很容易，但要倒出蜂蜜就困难得多?这是因为液体和液体之间也存在摩擦力，这种力被称为液体的内摩擦力，也叫黏滞力。几乎所有液体（甚至气体）流动时都会产生黏滞力。在温度一定时，不同液体的黏滞力不同，黏滞力越大液体显得越黏稠——显然黏稠的蜂蜜黏滞力就比水要大得多，因此流动起来也就困难得多。

笔记

乒乓球的沉浮 你能做到吗？

实验需要的器材

大碗、乒乓球、塑料瓶（无需瓶盖）

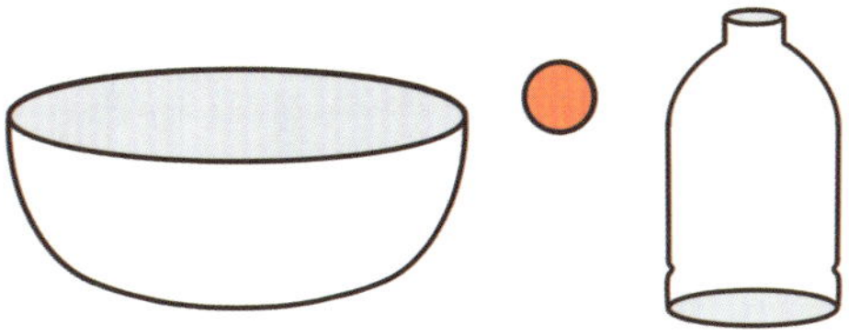

1. 找来一个塑料瓶，剪去底部，留上半部分，倒置。

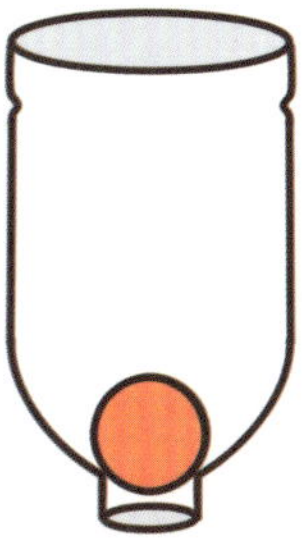

2. 大碗装点水放在桌上，将乒乓球放入倒置的塑料瓶内。

3. 往塑料瓶内倒水，此时乒乓球沉在瓶口处。

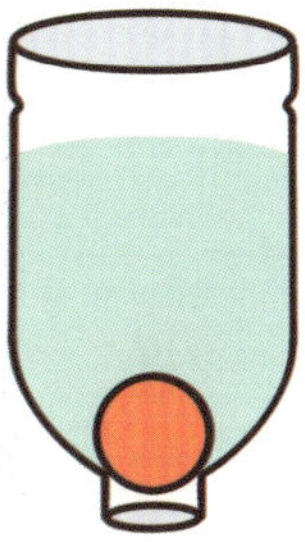

4. 将装水的塑料瓶放入大碗内，乒乓球就会浮起来啦！

会玩课堂 这不科学？这是科学！

乒乓球沉浮的秘密

密度：密度是对物体特定体积内的质量的度量，可以用符号 ρ 表示，在国际单位制和中国法定计量单位中，密度的单位为 kg/m^3。

浮力：浮力是指物体在流体（液体和气体）中受到的力，方向与其重力相反，来自各表面受流体压力的差（合力）。物体所受的浮力等于它所排开的流体所受的重力，即 $F_{浮}=G_{排}$。

在本实验中，提起塑料瓶时，乒乓球上方受到水的重力，被压在瓶口；由于乒乓球内部是空心的，密度比水小，它排开的水所受的重力大于它自身的重力，所以浸入水中受到浮力就会浮起来。

敲黑板：密度和浮力用处大！

人体的密度和水相近，因此当人在游泳时，如果肺部吸入较多空气，人体的平均密度会比水小，水的浮力就会使得人轻松浮在水面上。

判断汤圆或者饺子是否煮熟：实心的汤圆和饺子平均密度大于水的密度，在没有煮熟时放在锅里是沉在水底的；当饺子煮熟时，由于饺子和汤圆内部充斥着水蒸气，体积会增大，此时饺子和汤圆的平均密度减小，当它们的密度比水的密度更小时便会浮在水面上。所以，当看到饺子或汤圆浮起来时，就说明差不多煮熟啦。

课本大发现：（这些知识课本里都能找到哦！）

浮力：《物理》八年级下册 第十章第一节

天才思维会发散 你明白了吗?

——人在死海沉不下去的秘密——

在以色列、巴勒斯坦和约旦的交界处，有一块内陆湖被称为死海（the Dead Sea），它是世界上海拔最低的湖泊，水面低于平均海平面约 400 米。

死海的海水含盐分浓度极高，导致几乎没有生物能在其中生存，死海也因此而得名。它的含盐量是一般海水的 6~7 倍，在表层水中，每升水就含有高达 250 克左右的盐，这也导致海水的密度大大超过了人体，因此在死海常常能看到这样不可思议的景象：游客们悠闲地仰卧在海面上，一只手撑着彩色遮阳伞，另一只手拿着一本画报在阅读，随波漂浮。

造成死海含盐量高的原因：一方面在于死海地处亚热带，降水量少，海水蒸发量却较大；另一方面也在于注入死海的约旦河河水被大量用于生活和灌溉，导致淡水注入量越来越少。

番茄酱潜水艇 你能做到吗？

实验需要的器材

小包番茄酱、胶带、可弯折的吸管、剪刀、大矿泉水瓶（1.5 L 左右）

1. 首先将吸管的弯折处剪下（剪下的弯管总长度约 6 cm）。

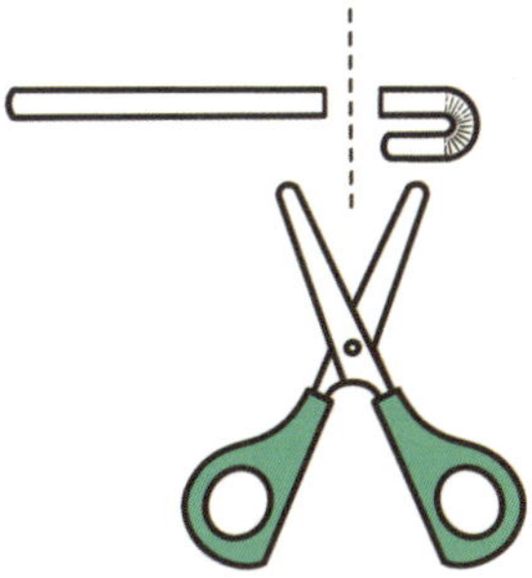

2. 然后将剪下的吸管弯折成 U 形，用胶带粘在番茄酱包上。

3. 再将组合装置放入大矿泉水瓶中，并往瓶中加水，仅留约 10% 的空间，拧紧瓶盖。

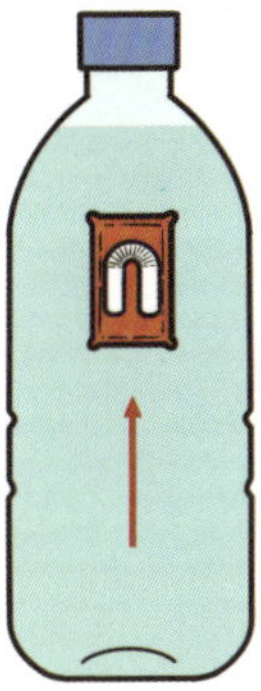

4. 最后用力捏瓶身，发现番茄酱包下沉，松手后又会缓缓上浮。

注意

（1）如果用力捏瓶身番茄酱包仍无法下沉，可能是吸管长度过长，适当剪去吸管两端，确保组合装置恰好能浮在水面上即可。
（2）如果剪短吸管后，番茄酱包依然下沉困难，可在酱包上贴上 1~2 个回形针。

为什么番茄酱包既能上浮也能下沉？

在上个实验里，我们知道由于乒乓球的密度比水小，在水中时受到的浮力大于重力，所以会上浮。

本实验中，当自制番茄酱包放入水中时，由于吸管中存有空气，番茄酱包的平均密度小于水，所以番茄酱包会浮起。

而当用力挤压瓶身时，水在压力作用下被挤入吸管，潜水艇的平均密度大于水，番茄酱包就会下沉。

敲黑板：巧用浮力的潜水艇

现实中的潜水艇也是靠改变自身重量来实现上浮与下沉的。潜水艇有多个蓄水舱。当潜水艇要下潜时就往蓄水舱中注水，使潜水艇重量增加超过它的排水量，潜艇就下潜，反之排空蓄水舱的水就会上浮。

课本大发现：（这些知识课本里都能找到哦！）

浮力：《物理》八年级下册 第十章第一节

物体的浮沉条件及应用：《物理》八年级下册 第十章第三节

笔记

天才思维会发散 你明白了吗?

—— 深海潜水后，为什么不能立即上浮? ——

潜水员在深海潜水后立即上浮是很危险的，你知道这是为什么吗?

在水下作业时，潜水员每下潜 10 米就相当于身体额外承受 1 个标准大气压产生的压力，因此在下潜深度较深时，肺泡内的空气（主要是氮气）便会由于水压较大而被溶解进人体组织。

通常在水压减小后，人体组织中溶解的氮气会重新释放出来进入血液，最后从肺泡重新排出。然而当上浮速度过快致使水压变化过大时，释放出来的气泡来不及排出身体，便会以气泡的形式存在于人体组织中，给潜水员带来疾病甚至生命危险。

摔不碎的鸡蛋 你能做到吗？

实验需要的器材

透明塑料袋、
生鸡蛋、盐

1. 首先往塑料袋中加入大半袋水，放入一枚生鸡蛋。

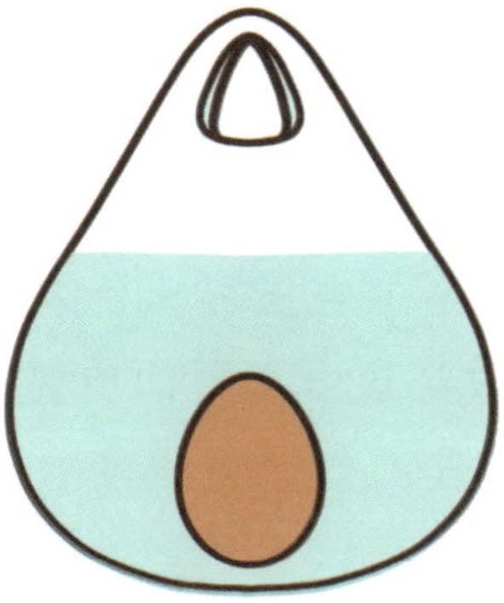

2. 然后扎紧塑料袋，使其从一臂高的位置落至桌面，发现生鸡蛋碎掉。

3. 再往另一个塑料袋中加入大半袋水，放入一枚生鸡蛋，并向塑料袋中加盐，直到鸡蛋能浮在盐水中。

4. 最后扎紧塑料袋，使其从相同位置落至桌面，发现生鸡蛋未碎。

为什么装在盐水里的鸡蛋摔不碎？

当水中加入盐后，水的密度就会增大，当盐水密度大于鸡蛋的平均密度时，鸡蛋就能够浮在盐水中。

敲黑板：利用浮力的盐水选种

在我国古代，聪明的劳动人民把种子放在一定浓度的盐水里，就能利用浮力把好种子和坏种子区分开。颗粒饱满的种子密度超过盐水，而干瘪的、被虫蛀的种子密度会比盐水小得多，因此好的种子都会沉在水底，而坏的种子都会浮起来。这样就能轻松分开好、坏种子。

阿基米德利用浮力定律的小故事

据传，公元前245年赫农王命人打造了一个金王冠。赫农王怀疑工匠在黄金中掺了别的东西，就让阿基米德在不破坏这个王冠的前提下鉴定它。这可难倒了阿基米德。有一天，阿基米德在洗澡的时候发现自己躺在浴池里好像变轻了，站起来又恢复了原样，于是他意识到了当他浸入水中时，有一股力在将他往上托。由此他展开了研究，发现了浮力和浮力大小的测算方式。由于不同物体密度不同，阿基米德通过测量王冠和同重量的金子排出的水的重量，最终鉴定出了王冠中掺了别的东西。

课本大发现：（这些知识课本里都能找到哦！）

浮力：《物理》八年级下册 第十章第一节

天才思维会发散　你明白了吗？

—— 飘浮的氢气球 ——

为什么氢气球能飘浮在空中？原来，不只是液体有浮力，气体也有浮力。同样条件下氢气的密度只有我们周围空气的1/14，因此灌满了氢气的气球平均密度远小于空气，在空气中受到空气的浮力大于自身重力，自然而然就能“浮”起来。

世界上第一个氢气球诞生于18世纪，法国化学家布拉克将氢气灌入猪膀胱中，制得了世界上第一个氢气球。随后很快又有人发明了载人氢气球。

如今，氢气球广泛运用于生活、生产甚至军事领域，从儿童手中的玩具，到悬挂横幅的工具，再到探测气象、架设天线的仪器，处处都有氢气球的身影。

由于氢气具有易燃易爆的特点，遇到明火的氢气球容易爆炸。因此，目前市面上出售的氢气球也逐步被化学性质更加稳定的氦气球所取代。

会|爬|坡|的|罐|子| 你能做到吗？

实验需要的器材

带塑料盖的铁皮罐、钉子、橡皮筋、细线、回形针、小石头

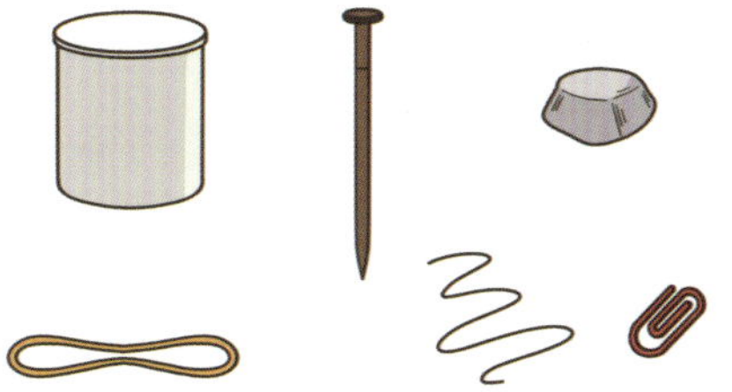

1. 首先用钉子在罐子的塑料盖和罐底的圆心上扎出两个小洞。

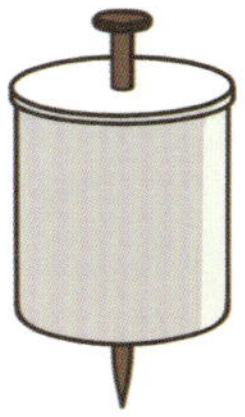

2. 然后在橡皮筋中间用细线绑上小石头。

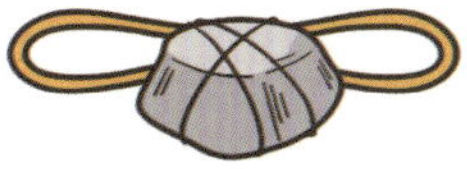

注意 请小心扎洞，防止钉子刺破手指。

3. 再用回形针将橡皮筋固定在盖子和罐底上。

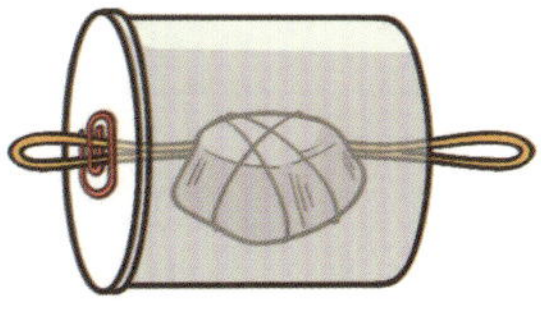

4. 最后向坡下滚动罐子，罐子滚下去后会滚回来。

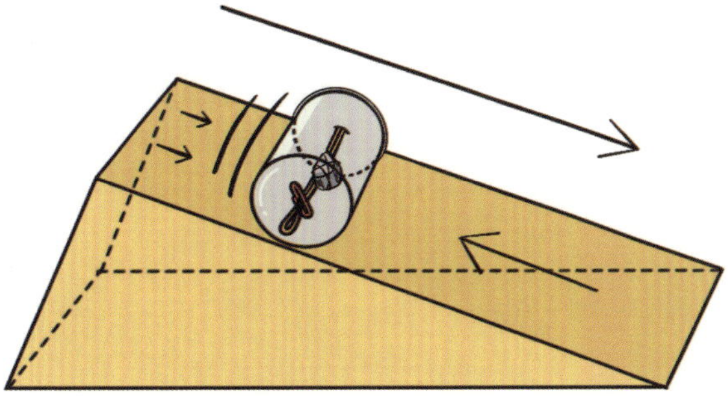

为什么罐子会爬坡？

动能：物体能够对外做功，我们就说这个物体具有能量。物体由于运动而具有的能，叫作动能。

弹性势能：物体由于发生弹性形变而具有的能叫作弹性势能。

罐子在滚下坡时，石头会使橡皮筋向相反方向扭转，使橡皮筋不断储存弹性势能。此时橡皮筋的扭转力不断增大，最终使罐子逐渐减速停下，并释放弹性势能向相反方向运动，罐子也就向上滚回去了。

敲黑板：动能和弹性势能的转换

弓箭运动员通过拉弦将箭发射出去时，弓弦的弹性势能转化为了箭的动能。

蹦床运动员在蹦床上弹起时，蹦床的弹性势能转化为了动能。

网球运动员在用球拍击打网球时，网球的动能转化为了自身的弹性势能，随后又转化为了动能。

课本大发现：（这些知识课本里都能找到哦！）

弹力：《物理》八年级下册 第七章第二节

动能和势能：《物理》八年级下册 第十一章第三节

机械能及其转化：《物理》八年级下册 第十一章第四节

笔记

——能量守恒定律——

自然界中，除了动能和势能，还存在着各种形式的能量，如内能、电能、化学能等。这些能量既不会凭空产生，也不会凭空消失，只会从一种形式转化为另一种形式，或从一个物体转化到另一个物体，比如：热能可以经过蒸汽机转化为动能，动能可以通过摩擦转化为内能。这也就是著名的“能量守恒定律”，它是自然界普遍的基本定律之一。

能量守恒的思想最初是由德国物理学家迈尔于1842年提出的。此后英国物理学家焦耳也通过大量实验予以佐证。1847年德国科学家H. 亥姆霍兹指出：“能量守恒定律是普遍适用于一切自然现象的基本规律之一。”到了1850年，能量守恒定律在科学界已经得到公认。

能量守恒定律大大促进了人们对于运动和热的认识，它是19世纪自然科学一块重要的理论基石，也是自然界最普遍、最重要的基本定律之一。大到宇宙天体，小到原子核内部，只要有能量转化，就一定会符合能量守恒的规律。这一规律从日常生活到科学研究、工程技术，都发挥着重要的作用。可以说，能量守恒定律是人们认识自然和利用自然的有力武器。

杯沿立硬币 你能做到吗？

实验需要的器材

窄口平底烧瓶、一元硬币一枚、两个金属叉子

1. 首先将硬币卡在叉子最后一个齿缝间。

2. 然后将另一个叉子也以同样方式卡住，并把两个叉子夹角调整成 120° 左右。

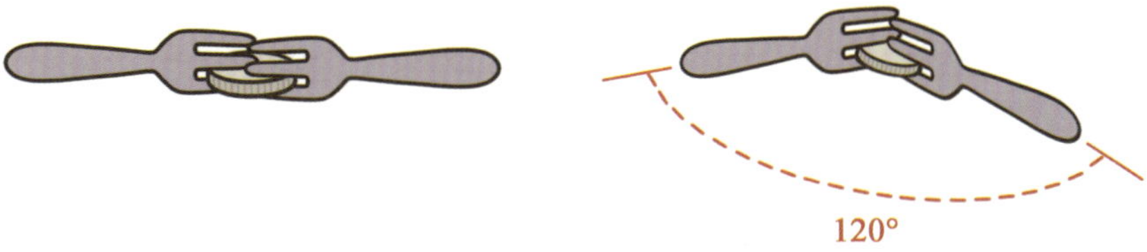

3. 最后将硬币搁在杯沿，小心调整平衡位置，发现这样的叉子与硬币的组合能立在杯沿保持平衡。

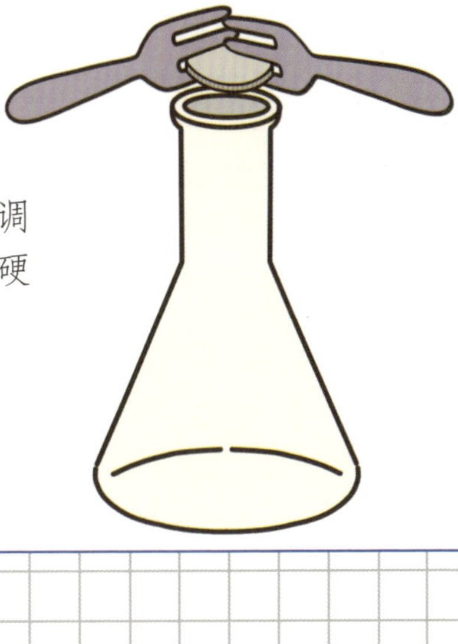

为什么杯沿可以立硬币？

重心：地球吸引物体的每一部分。但是，对于整个物体，重力作用的表现就好像它作用在某一个点上，这个点叫做物体的重心。

平衡：通过物体重心的竖直线（垂直于水平面的线）只有在这一物体的支持面里时，物体才能保持平衡。

当叉子以一定角度卡在硬币上后，整个组合的重心在硬币上，因此将硬币放在杯沿上时，重心恰好在硬币与杯子的支撑点上，硬币和叉子就能保持平衡。

敲黑板：生活中关于平衡的那些事儿

杂技演员在走钢丝时会手握平衡杆，通过调整手中的平衡杆，可以迅速调整自己的重心位置，使人体重心的投影线不至于越出脚与钢丝的接触面，从而在钢丝上保持平衡。

在进行篮球、羽毛球和乒乓球等运动时，运动员常常会通过屈膝的方式降低自己的重心，目的是提高身体在快速运动时的稳定性，保证在急转急停时身体依旧能保持平衡。

课本大发现：（这些知识课本里都能找到哦！）

重心：《物理》八年级下册 第七章第三节

二力平衡：《物理》八年级下册 第八章第二节

笔记

天才思维会发散 你明白了吗?

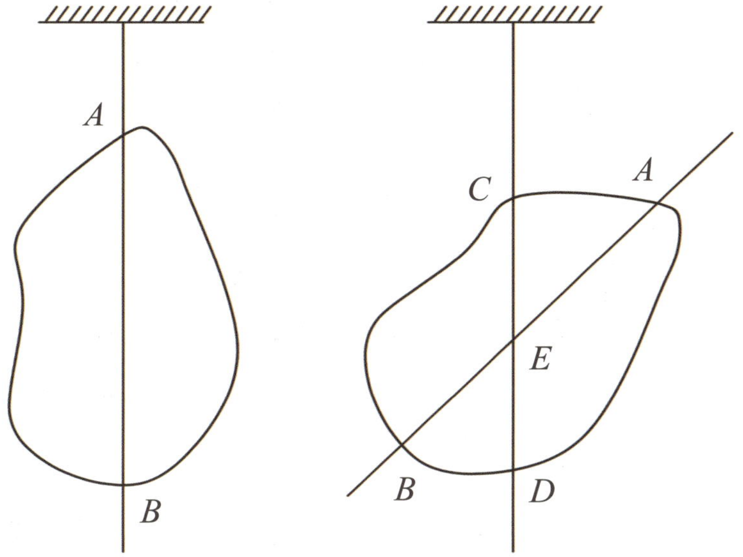

——悬挂法找物体重心——

对于形状规则、密度均匀的物体，我们很容易知道它的重心处于物体的几何中心，如实心球的重心在它的球心，一块木块的重心在它的立方体中心。如果物体的密度不均匀、形状不规则该怎么办呢？我们可以采用悬挂法来粗略测出物体的重心。

首先找一根细绳，在物体上找到任意一点，用绳悬挂起来，待物体大体上保持静止后，再找一根绳子同时悬挂物体，待物体保持静止后进行测算。根据二力平衡，重心一定会在经过悬挂点的竖直投影线上。那么在该竖直线外再找一点悬挂，两条竖直线的交点就是不规则物体的重心。

如上图，一块形状不规则的薄板就可以通过悬挂法轻松确定重心。掌握了重心和平衡的原理原来这么有用！同学们可以自己动手，剪一块不规则的薄板，试试能不能找到它们的重心哟！

斜立可乐罐 你能做到吗？

这小子又来蒙我，看我怎么治他！
今天我来给你表演一个超能力……
陈会玩
上次你说万物皆可立，这次你能把这罐可乐立起来吗？
陈会玩
阿基米吴

实验需要的器材

330 ml 可乐罐

1. 首先往空易拉罐中加水，使水位保持在罐高 1/3~1/2 的位置。

2. 然后将易拉罐以约 45° 的角度立在桌面上，小心调整角度，寻找平衡点。

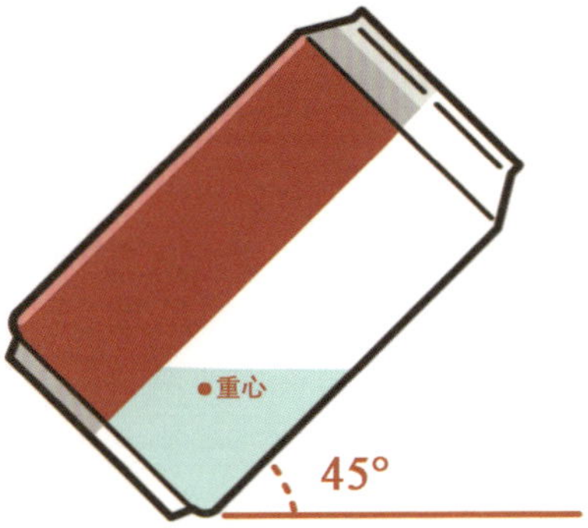

3. 最后松开手发现易拉罐能斜立在桌面上。

注意 留心避免易拉罐倾倒水洒出。

会玩课堂 这不科学？这是科学！

为什么可乐罐可以斜着立起来？

通过物体重心的竖直线（垂直于水平面的线）只有在这一物体的支持面里时，物体才能保持平衡。

可乐罐在装满或者倒空时，重心都在罐体正中心，此时无论如何倾斜可乐罐，重心都不会和支点在一条竖直线上，可乐罐无法保持斜立。（如下图）

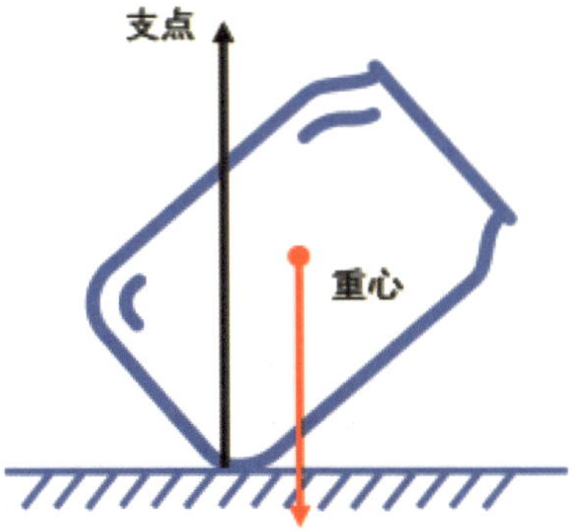

但当可乐罐中有约1/3的液体时，可乐罐的重心在罐体正中心偏下的地方，此时调整角度使重心恰好与支点保持在同一竖直线上时，可乐罐就能斜立。

比萨斜塔的故事

比萨斜塔是比萨城大教堂的独立式钟楼，位于比萨城大教堂的后面，是奇迹广场三大建筑之一，始建于1173年，设计为垂直建造，但是在工程开始后不久便由于地基不均匀和土层松软而倾斜，1372年完工时，塔身向东南倾斜。几个世纪以来，钟楼的倾斜问题始终吸引着好奇的游客、艺术家和学者。比萨斜塔对意大利中世纪建筑艺术产生了巨大影响，被联合国教育科学文化组织评选为世界文化遗产。

课本大发现：（这些知识课本里都能找到哦！）

重心：《物理》八年级下册 第七章第三节

二力平衡：《物理》八年级下册 第八章第二节

天才思维会发散 你明白了吗?

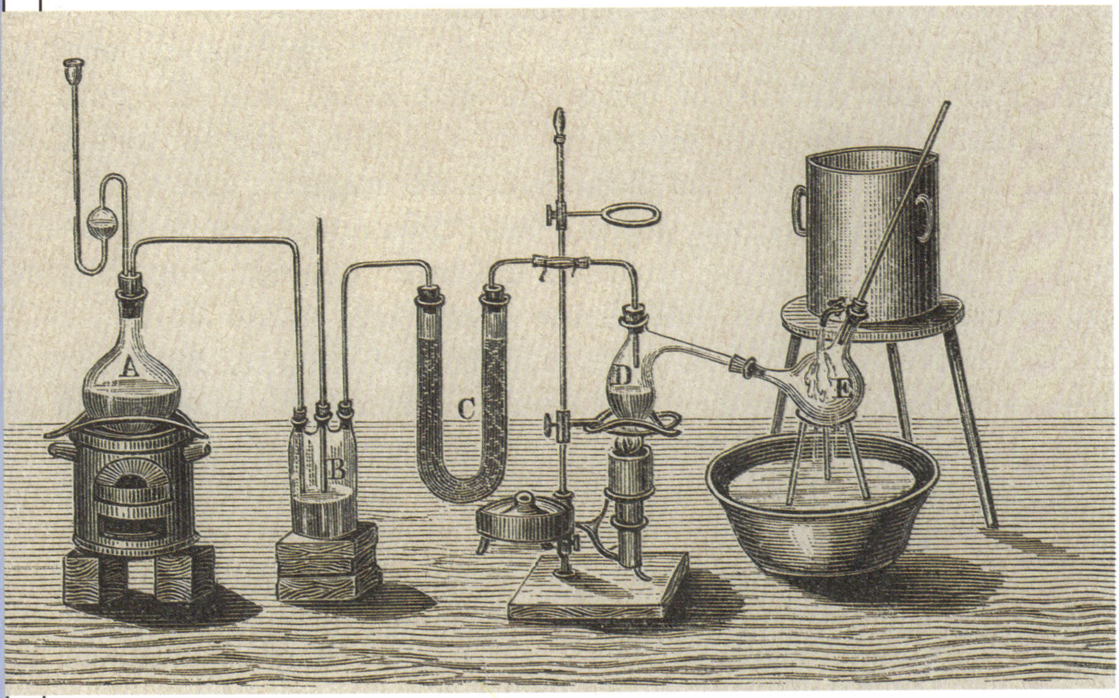

—— 化学中的“平衡” ——

不仅在物理学中有“平衡”状态，事实上在化学领域中也有平衡状态。在外界条件不变的情况下，一个可逆反应在正负反应速率达到一致时，我们称这个反应达到了“化学平衡”。此时反应物和生成物各组分浓度不再发生变化。

化学平衡的判断在分析化学中有着极为重要的应用。改变化学反应的温度、压强，或者改变反应物与生成物的浓度，都有可能改变化学反应的平衡。

笔记

N
S
S
N

第二辑

好玩的声、光、电、热

叉子提硬币 你能做到吗?

你能用叉子的
这一端把硬币
提起来吗?
提起来?
不能用胶
带哟。
阿基米吴
嗯?给我试试?
阿基
磁铁
陈会玩
阿基米吴用叉子敲了敲桌子。
叮叮

实验需要的器材

铁叉、一元硬币、强磁铁

1. 首先将铁叉子靠近硬币，发现叉子对硬币无吸引作用。

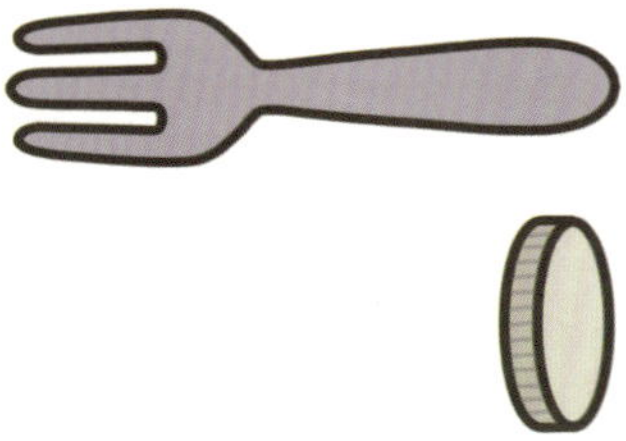

2. 然后用磁铁沿着铁叉子的同一个方向摩擦几下。

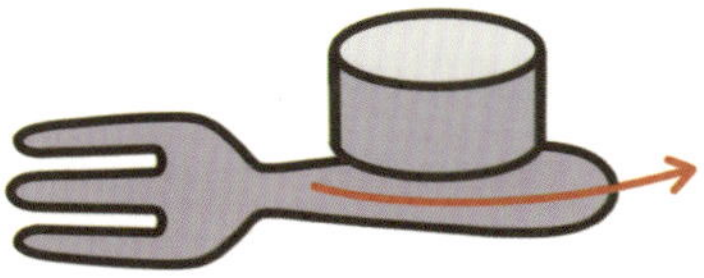

3. 最后用摩擦过磁铁的部分吸引硬币，发现硬币被叉子吸了起来，将叉子敲击几下后又失去吸引作用。

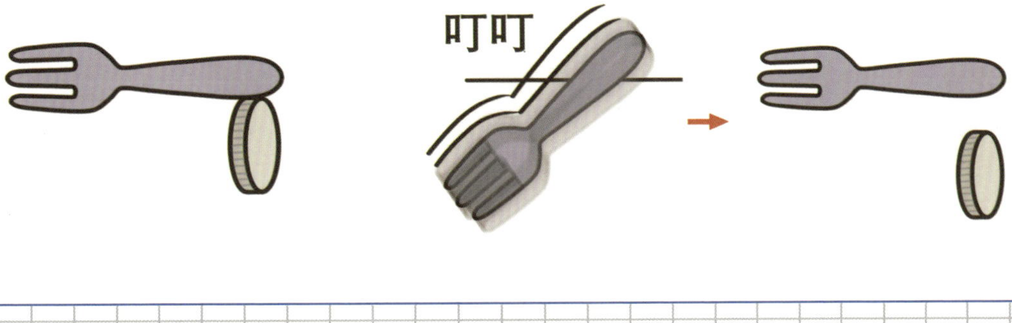

为什么叉子可以提起硬币？

磁极：磁体能够吸引铁、钴、镍等物质。它的吸引能力最强的两个部位叫作磁极。能够自由运动的磁体，静止时指向南方的磁极叫作南极，指向北方的磁极叫作北极。同名磁极相互排斥，异名磁极相互吸引。

磁化：一些金属（铁、钴、镍等）在靠近或接触磁体后也会获得磁性，这一现象被称为磁化。有的材料磁化后，磁性并不稳定，会在高温、撞击下消失，这种材料被称为软磁性材料。

铁叉子属于软磁性材料，在被磁铁摩擦后获得了短暂的磁性，可以将硬币吸起，而受到敲击后磁性消失，也就不能继续吸引硬币了。

敲黑板：磁带录音原理

磁带是一种用于记录声音、图像等信号的记录材料，也是产量较大和用途较广的磁记录材料之一。

录音时，声音经过话筒后转变为方向和强弱变化的音频电流，音频电流在输送到录音磁头后，又产生了方向和强弱变化的磁场。磁带在划过磁场时，磁带上附着的小磁粉被磁化成一个个磁极方向和强弱各不相同的“小磁铁”，声音信号就这样被记录在磁带上了。

课本大发现：（这些知识课本里都能找到哦！）

磁现象：《物理》九年级全一册 第二十章第一节

磁记录：《物理》九年级全一册 第二十章第五节

笔记

天才思维会发散 你明白了吗?

——磁铁的发现与发展——

磁铁不是由人发明的，它存在于自然界中。早在5000年前，人类就发现磁铁矿（主要成分是Fe_3O_4）具有磁性。

在2300年前，中国人将天然磁铁磨成勺形放在光滑的平面上，在地磁的作用下，勺柄指向南方，便称之为“司南”，这也是世界上最早有记载的“指南针”。

到了18世纪，人们已经能通过锻造合金来制成人造磁铁，达到和天然磁铁一样甚至更强的效果。

20世纪以来，磁材料技术发展迅速，各种强力永磁体相继问世，如铷铁硼磁铁。如今，磁铁已经渗透进我们的生活，它不仅在传统行业应用广泛，在各种高精尖领域如天文、医学、军事中也同样不可或缺。

隔|空|控|物| 你能做到吗?

实验需要的器材

牙签、透明塑料杯、
U 形磁铁、塑料棒

1. 首先，把 U 形磁铁倒立在桌上，把牙签的中心放在 U 形磁铁的中间位置。

2. 然后用透明塑料杯罩住磁铁和牙签。

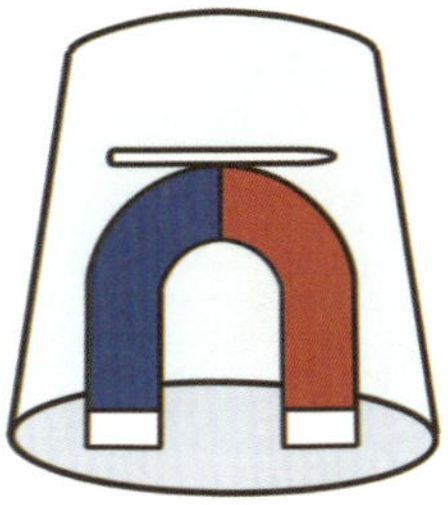

3. 最后将塑料棒的一端在头发上往一个方向摩擦数十次，再拿着它绕着杯子旋转。这时牙签就会跟着塑料棒一起旋转了。

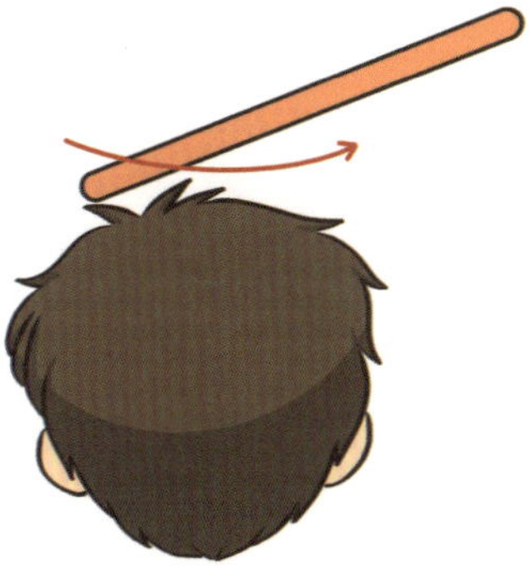

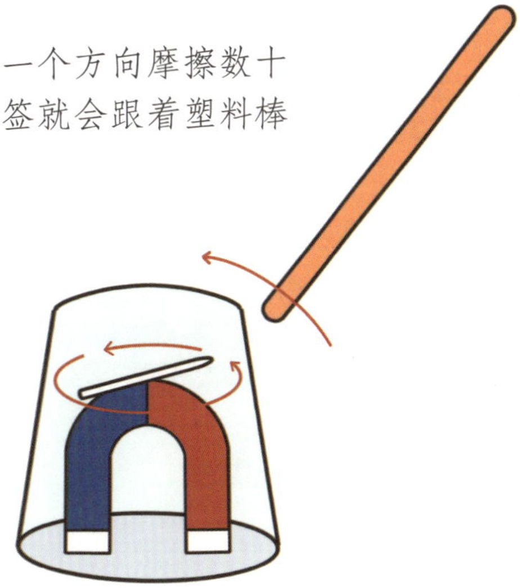

为什么可以隔空控制牙签？

电荷：自然界有两种电荷。人们把用丝绸摩擦过的玻璃棒带的电荷叫作正电荷，用毛皮摩擦过的橡胶棒带的电荷叫作负电荷。同种电荷互相排斥，异种电荷互相吸引。

摩擦起电：用摩擦的方法使两个不同的物体带电荷的现象，叫摩擦起电，摩擦过的物体具有吸引轻小物体的性质。摩擦起电的本质是电荷的转移。

本实验中，塑料棒摩擦头发后带上了电荷，使之能够吸引牙签，使牙签绕着塑料棒转动。

敲黑板：生活中的静电

电视机或手机屏幕容易积灰，是因为电视机或手机在工作时，屏幕上会产生静电，静电将空气中的细小灰尘颗粒吸附在屏幕上。

冬天脱下毛衣时，会听到噼里啪啦的声音，在黑暗中甚至会看到电火花，是因为织物纤维互相摩擦时产生了静电。

电荷的发现

公元前 600 年左右，希腊的哲学家泰勒斯曾记录过，在用猫毛摩擦琥珀以后，琥珀会吸引像羽毛一样的轻物体。1600 年，英国物理学家威廉·吉尔伯特发现琥珀并非唯一一种经过摩擦会产生静电的物质，并区分了电和磁。后来他撰写了世界上第一部电磁学著作《论磁石》。

课本大发现：（这些知识课本里都能找到哦！）

两种电荷：《物理》九年级全一册 第十五章第一节

天才思维会发散 你明白了吗?

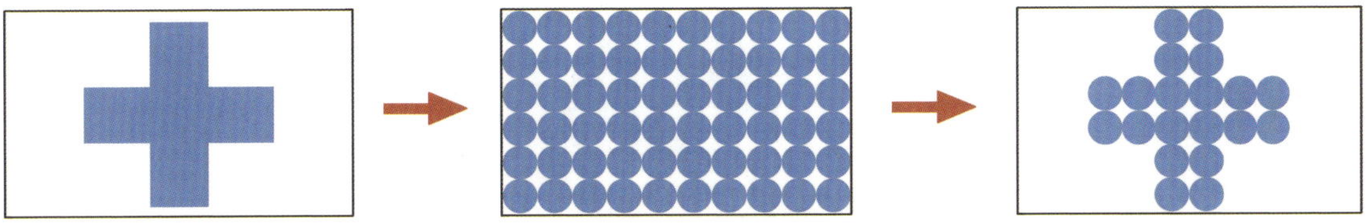

原稿　　激光照射布满电荷的感光鼓　　只留下静电图像（静电潜影）

—— 激光打印机的原理 ——

激光打印机是现今最常见的打印机之一，具有打印速度快、成像质量高的优点。它由激光器、感光鼓、充电辊、显影辊、转印辊等部件组成，其核心工作原理是异种电荷的互相吸引。

在接收到图像打印任务后，激光打印机会将图像信息转变为电信号，电信号控制激光器照射感光鼓。感光鼓表面原本布满电荷，凡是被激光照射的地方电荷会消失，剩下来的电荷就构成需要打印的原稿形状的静电图像，被称为“静电潜影”。

随后带有与感光鼓相反电荷的墨粉与感光鼓相接触，由于异种电荷相互吸引，墨粉便吸附在了感光鼓表面有电荷的地方。感光鼓表面就形成了墨粉构成的图像。在转印辊的作用下，组成图像的墨粉被原封不动地转移到了纸张上，再经过定影、清洁，一张文件就打印好了。

笔记

被拐跑的水流 你能做到吗？

实验需要的器材

气球、打气筒

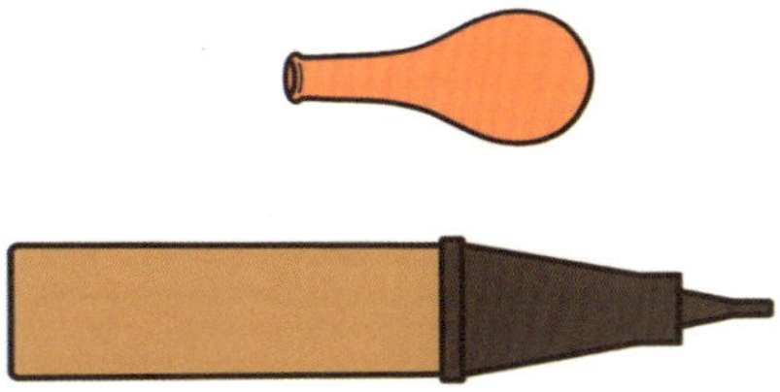

1. 首先用打气筒给气球打气（7到10下），再把气球嘴扎好。

2. 然后把气球贴着头发摩擦数次。

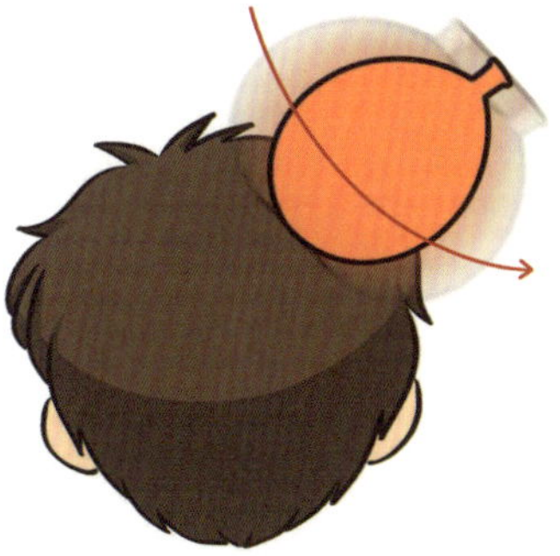

3. 最后将气球靠近打开的水龙头水流，可以看到水流有靠近气球的运动趋势。

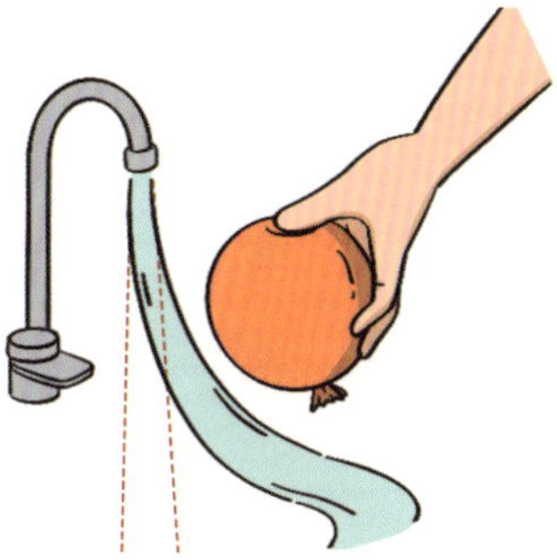

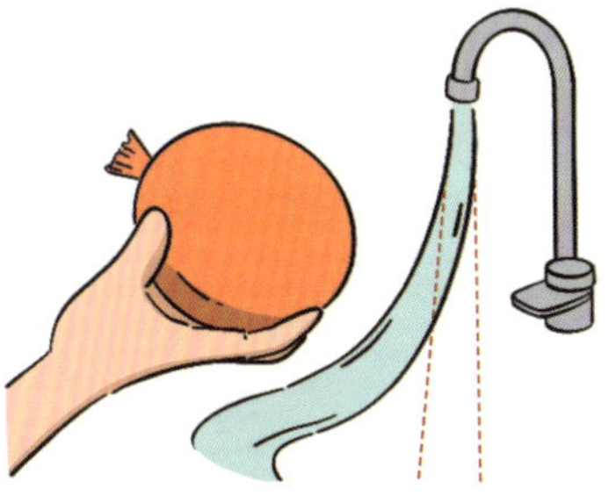

为什么水流会被拐跑？

当一个带电体靠近导体时，由于电荷间相互吸引或排斥，导体中的自由电荷便会趋向或远离带电体，使导体靠近带电体的一端带异号电荷，远离带电体的一端带同号电荷，这一现象叫作静电感应。

在上一篇中，我们讲到“摩擦起电现象”，与头发经过摩擦的气球带上了负电荷，而电荷靠近水流后，在静电感应的作用下，水流中的正电荷靠近气球，负电荷远离气球，又由于同种电荷互相排斥，异种电荷互相吸引，水流便受到气球的吸引而发生了弯曲。

敲黑板：闪电的形成

云团中的水滴和冰晶在与气流的剧烈摩擦过程中会带上静电，其中带正电的部分重量较轻会聚集在云层上部，而带负电的部分重量较重会聚集在云层下部。在云层的静电感应作用下，下方的其他云层或地面也会产生正电荷。当电荷聚集到一定数量时，就会产生强烈的电场，最终击穿空气形成闪电。

课本大发现：（这些知识课本里都能找到哦！）

电荷及其守恒定律：《物理》高中选修 3-1 第一章第一节

笔记

天才思维会发散 你明白了吗?

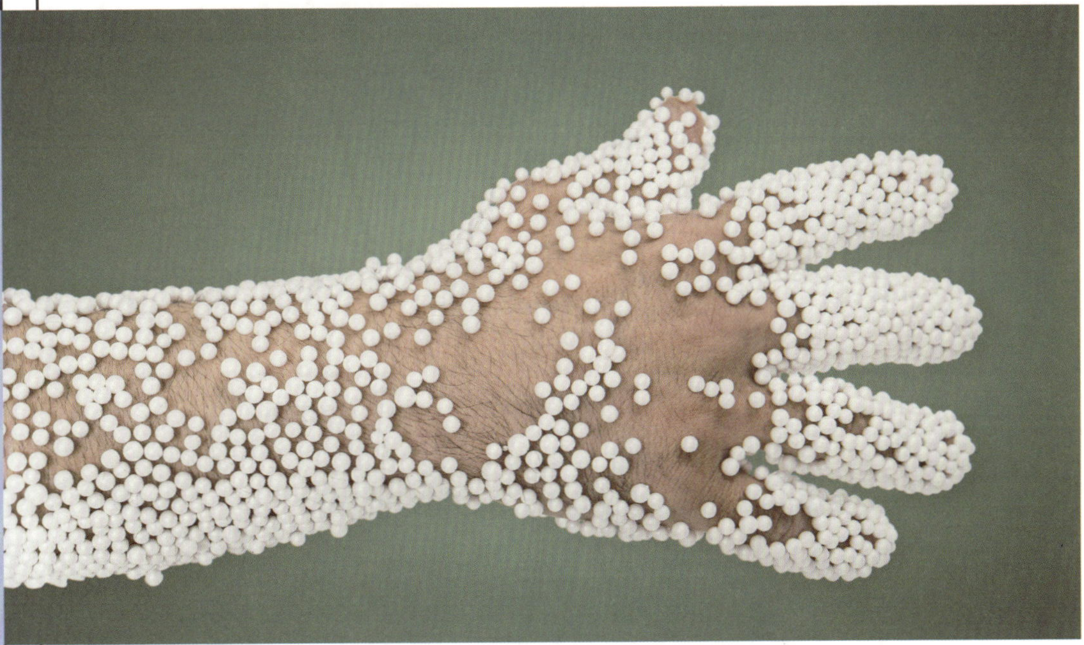

——电的发现历程——

早在公元前600年，古希腊哲学家泰勒斯就发现琥珀的摩擦会吸引绒毛或木屑，他将这种现象称为静电，这是世界上第一次出现“电”的概念。

公元1600年，英国物理学家威廉·吉尔伯特对电现象做了多年的实验，第一次提出电是与磁有本质区别的现象，首先提出了“电力”的概念，他也被称为电学研究之父。

1733年，科学家费迪提出了静电领域的经典结论：带相同电的物体互相排斥，带不同电的物体互相吸引，即同性相斥，异性相吸。

18世纪中叶，美国物理学家富兰克林通过大量实验进一步研究了电的性质，提出了“电流”这一概念。同时证明电荷只能被转移，不能被创造，这便是大名鼎鼎的电荷守恒定律。

再到后来，鲁滨孙、卡文迪许先后通过各自的实验研究了电荷之间的相互作用力与距离的关系，库仑在他们的基础上通过实验提出了著名的库仑定律，至此电学的研究进入了科学行列，库仑的名字也成了电荷量的单位。

自制温度计 你能做到吗？

手不碰到水，你能判断哪杯水更热吗？
陈会玩
有了！
我只要往口服液瓶里灌上有颜色的水，然后把它们放进水里，就能知道哪一杯更热了。
阿基米吴
就是它了！
阿基米吴
真的？
陈会玩

实验需要的器材

两个透明塑料杯、两个口服液瓶（带吸管）、滴管、有颜色的水

1. 首先，往两个塑料杯中分别倒入温水和凉水。

2. 然后用滴管往两个口服液瓶中滴入约一半相同体积有颜色的凉水。

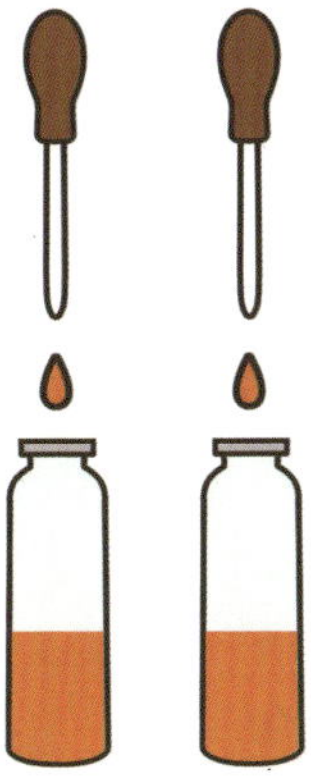

3. 最后将吸管插入口服液瓶内，再将口服液瓶放入塑料杯中，发现水会顺着吸管上升。观察吸管中液面的高度，吸管中液面越高说明水越热。

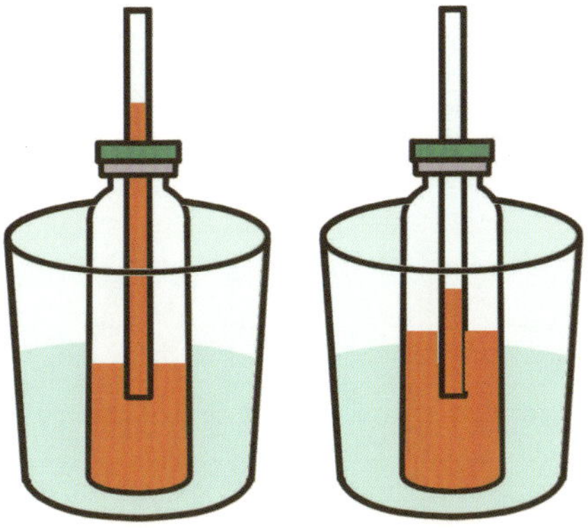

什么是热胀冷缩？

通常情况下，大多数物体都会在受热时膨胀，遇冷时收缩，这种现象叫作热胀冷缩。

本实验中，口服液瓶中的空气遇热膨胀，会将液体从吸管中压出，温度越高则水位越高，因此可以通过吸管中的液面高度来判断哪一杯水更热。实验中的口服液瓶实际上就是一个简易的温度计。

敲黑板：热胀冷缩用处大

水银温度计中有一小段水银，温度上升时水银柱膨胀，沿着狭窄的玻璃管上升。因此，根据水银柱的位置就能判断温度。

罐头打不开时，将金属盖朝下浸泡在热水中一小段时间，金属盖就会因为受热膨胀增大与瓶口之间的缝隙，更容易被拧开。

将瘪了的乒乓球浸泡在开水中，乒乓球内部的空气受热膨胀，就会将凹陷的地方顶回原状。

课本大发现：（这些知识课本里都能找到哦！）

温度：《物理》八年级上册 第三章第一节

笔记

水的反常膨胀

大多数物质都符合“热胀冷缩”的特性，但少数物质例外。比如说水在0℃~4℃时，温度越高，水的体积反而缩小，只有在4℃以上水的体积才会随着温度的上升而膨胀。水在0℃~4℃热缩冷胀的现象被称为水的“反常膨胀”。

为什么水会在0℃~4℃时如此反常呢？首先我们要知道，物质的密度由物质内的分子（或原子）的平均间距决定。水中的有些水分子单个游离存在，还有一些水分子两两或者多个“抱团”起来，形成缔合水分子。在4℃时，缔合水分子的比例最大，水分子的抱团程度最紧密，因而分子间距最小、密度最大。所以水在0℃~4℃时会呈现“热缩冷胀”的反常现象。

自制3D投影机 你能做到吗？

实验需要的器材

透明塑料片、铅笔、白纸、剪刀、透明胶带、手机

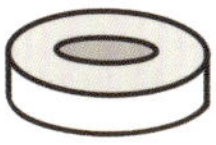

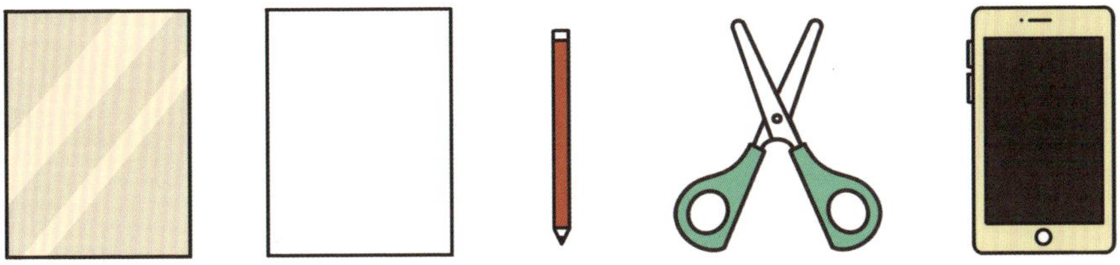

1. 首先在白纸上用铅笔画出棱台的展开图。

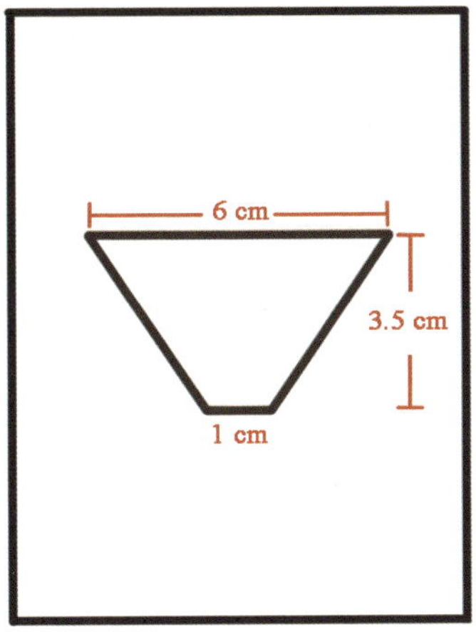

2. 然后把白纸放在透明塑料片上，刻下棱台展开图的印记。

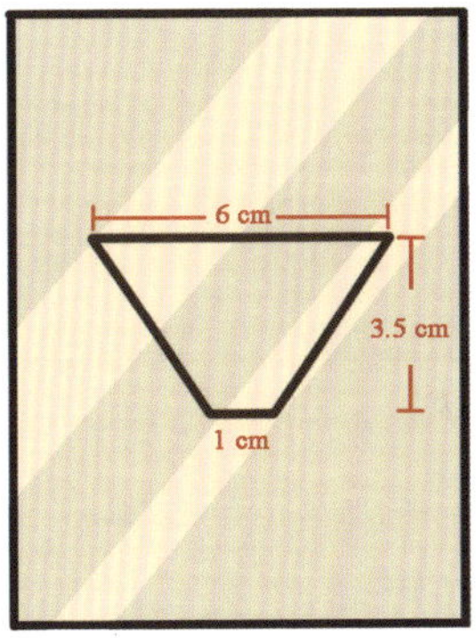

3. 再把棱台剪出来用透明胶带粘好。

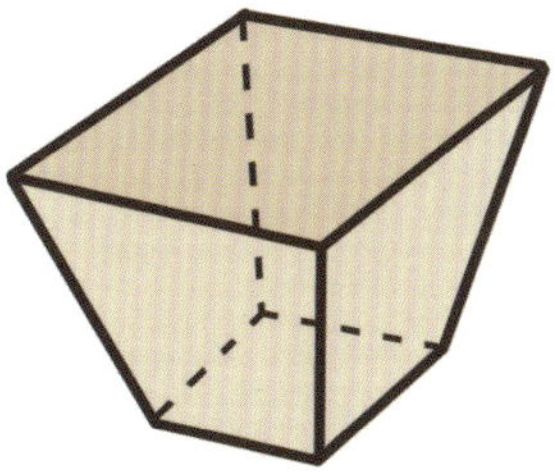

4. 最后把棱台倒放在手机屏幕上，播放视频，就能在棱台中看到立体图像了。（视频扫描书中二维码可得）

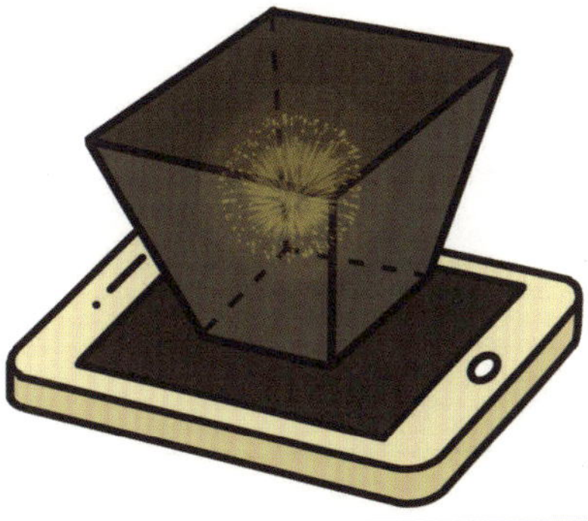

平面镜成像知多少

平面镜所成的像是虚像，和物体形状、大小相同；像和物体各对应点的连线与平面镜垂直；像和物体各对应点到平面镜的距离相等。

本实验中，塑料板和平面镜类似。手机屏幕上播放的画面在塑料板后形成虚像，看起来动画就好像悬浮在手机屏幕上方了一样。

敲黑板：酷炫的平面镜组合

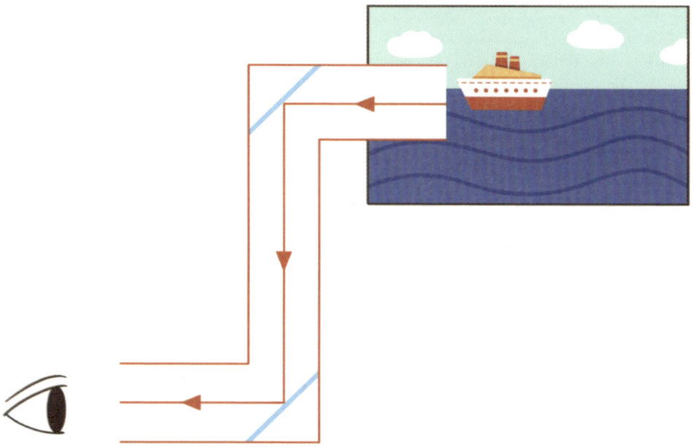

潜望镜：潜望镜装有两片互相平行的平面镜，射向上方镜片的光线经过两次反射，最终射向人眼中，使观察者可以在相对安全的位置进行观察。潜望镜普遍应用于潜艇、坦克和壕沟中。

万花筒：将三个平面镜拼成三棱锥放入一个圆筒里，再将彩色纸屑放入其中，彩纸就会在三面镜子上经过连续多次反射形成无数虚像，呈现出对称的、美丽的图案。

课本大发现：（这些知识课本里都能找到哦！）

光的反射：《物理》八年级上册 第四章第二节

平面镜成像：《物理》八年级上册 第四章第三节

天才思维会发散 你明白了吗?

—— 3D电影的立体效果是如何实现的? ——

为什么观看3D电影时，必须佩戴一副特殊的3D眼镜，否则只能在银幕上看到模糊的重影?

原来,3D电影的画面在拍摄时,会用两个镜头模仿人双眼视角进行拍摄。放映时左右眼的画面会同时投射在银幕上，此时肉眼直接观看就会看到两个重叠的画面。而3D眼镜的镜片采用偏振材料，左眼的镜片能过滤掉右眼的画面，右眼的镜片能过滤掉左眼的画面，因此通过3D眼镜，人的双眼就能分别接收不同的画面，从而产生立体感。

笔记

看见声音的振动 你能做到吗？

实验需要的器材

音叉、小锤、大塑料杯、有颜色的水

1. 首先往大塑料杯中加入有颜色的水。

2. 然后用小锤敲击音叉。

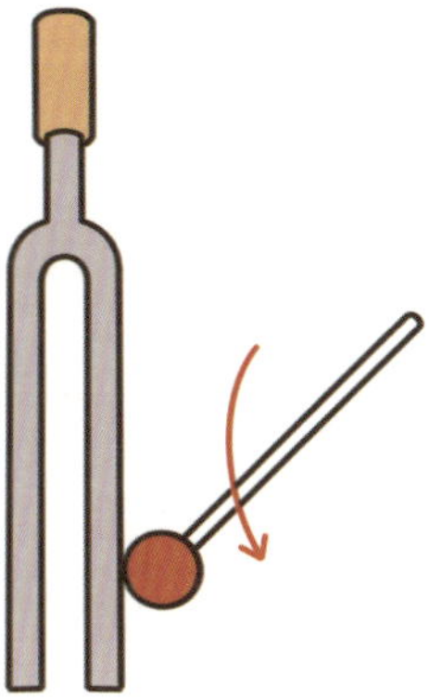

3. 最后把音叉尖端慢慢伸向水面，就能看见水面以音叉为中心翻起浪花。

声音是如何产生与传播的？

声音是由物体的振动产生的。声音的传播需要物质，物理学中把这样的物质叫作介质。介质既可以是气体、固体，也可以是液体；真空不能传声。

所有的乐器都通过振动发声，管乐器通过使管内空气柱振动发声，弦乐器通过拉紧的弦振动而发声。

敲击铃铛时，铃铛产生振动发出声音，如果此时用手捏住铃铛使其停止振动，铃铛就会立即停止发声。

敲黑板：人们对不同强度声音的感觉？

感觉	声音强弱等级 /dB	声音来源
无	0	刚刚引起听觉
安静	30	卧室
较静	60	一般说话
很吵	90	嘈杂的马路
感到疼痛	120	球磨机工作
无法忍受	150	火箭发射

课本大发现：（这些知识课本里都能找到哦！）

声音的产生与传播：《物理》八年级上册 第二章第一节

噪声的危害和控制：《物理》八年级上册 第二章第四节

笔记

天才思维会发散 你明白了吗？

—— 主动降噪耳机的运用 ——

我们知道消除噪音有三种方式：一是从源头控制噪音；二是阻断噪音的传播；三是防止噪音进入耳朵。针对第三种方式，人们可以选择佩戴降噪耳机。降噪耳机分为两大类：被动降噪耳机和主动降噪耳机。

被动降噪耳机通过阻止噪音进入人的耳朵来达到降噪目的，即采用隔音材料包裹耳部。这种方式隔音效果较为有限，且对低频噪音无效。

主动降噪耳机则能主动识别噪音，并通过降噪系统产生与之振幅相等、相位相反的反向声波，将噪音“抵消”。相比于简单直接的被动降噪，主动降噪方式效果更为出众、环境限制更小，且对不同频率的噪音都有良好的降噪效果。尽管目前市场上，主动降噪耳机价格相对高昂，但随着技术不断成熟，这种新型降噪技术的运用会越来越趋于平民化。

塑料袋热气球 你能做到吗？

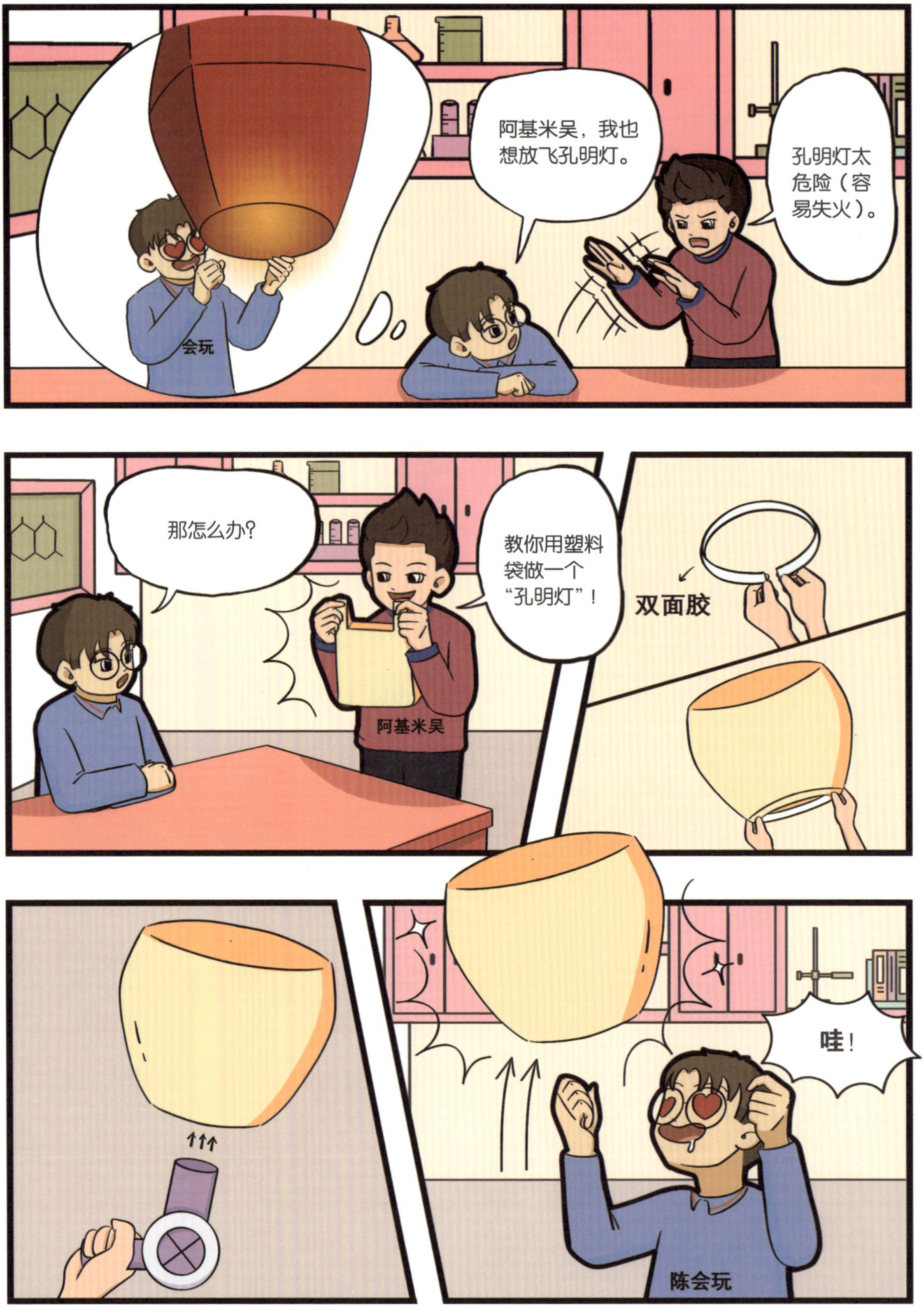

实验需要的器材

塑料袋、双面胶、剪刀、电吹风

1. 将塑料袋口朝上，向塑料袋内吹气，让它完全展开。

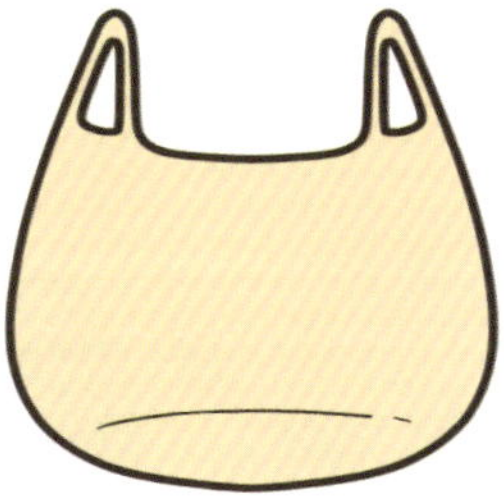

2. 用双面胶把塑料袋口的内侧粘一圈。

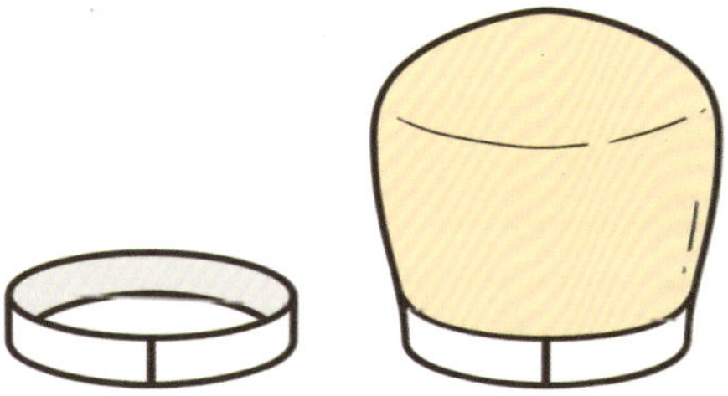

3. 将塑料袋口朝下，用电吹风向塑料袋内吹热气，塑料袋就飞起来了。

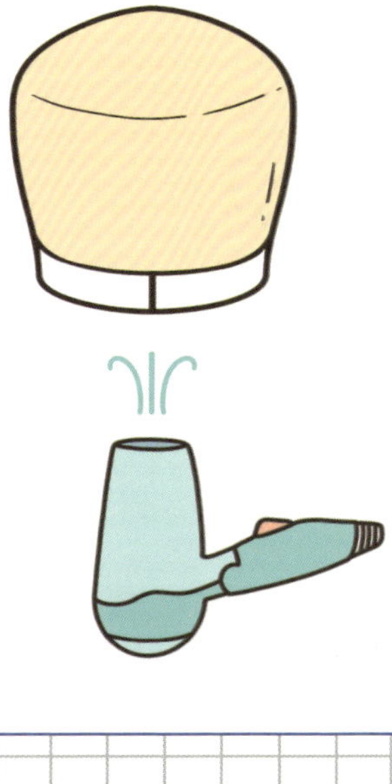

注意 电吹风请在成人的陪同下使用。

为什么塑料袋会上升？

电吹风向塑料袋内吹入热空气，由于塑料袋中的热空气比塑料袋外的冷空气密度小，因此在空气中会产生浮力，带动塑料袋上升。

敲黑板：利用热空气的灯

孔明灯：孔明灯底部的蜡烛不断加热灯罩内的空气，使其受热膨胀产生浮力，从而能带动孔明灯飞起来。

走马灯：走马灯顶部有水平放置的扇叶，底部有蜡烛，蜡烛燃烧加热附近的空气，使其受热膨胀上升形成热气流，从而吹动扇叶带动整个走马灯缓缓转动。

课本大发现：（这些知识课本里都能找到哦！）

物体的浮沉条件及应用：《物理》八年级下册 第十章第三节

笔记

天才思维会发散 你明白了吗？

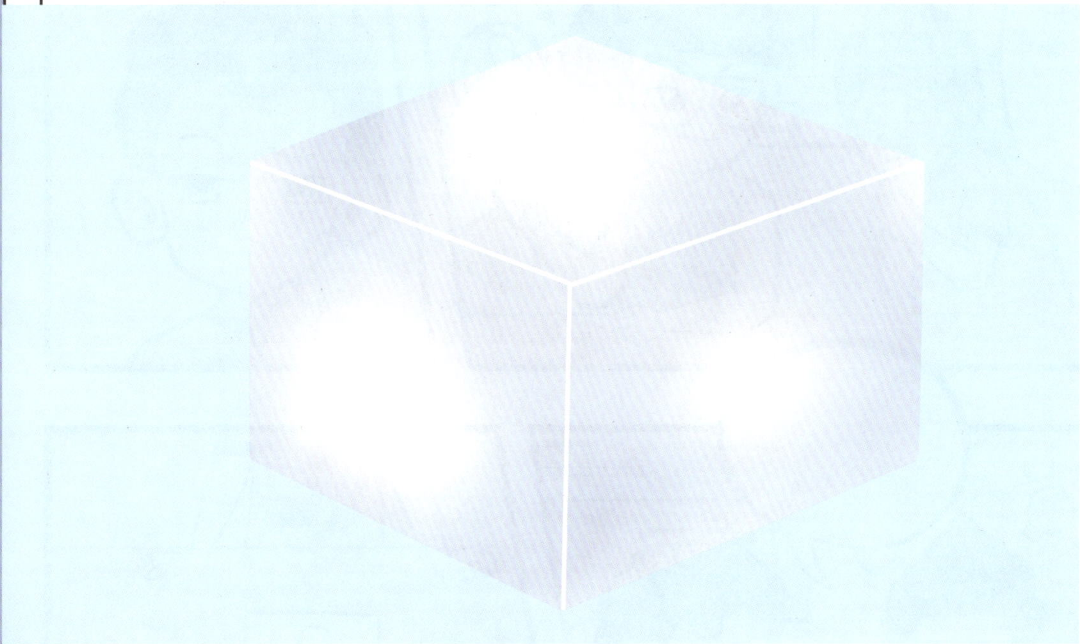

——比空气还轻的固体——气凝胶——

空气是我们日常生活中能接触到的几乎密度最小的物质，在常温和一个标准大气压条件下，空气密度仅为 1.293 kg/m^3，是水密度的 1/700。

不过其实有一种固体物质比空气密度更小，这种物质叫作气凝胶。它是一种纳米材料，作为世界上密度最低的固体被载入吉尼斯世界纪录。最轻的气凝胶自身密度仅为 0.16 kg/m^3，是空气的 1/8。半透明的外表和轻巧的质量让它又被称为“凝固的烟”。尽管看起来脆弱不堪，但气凝胶具有极强的机械性能和耐热性，能承受自身几千倍的重量和上千摄氏度的高温。不仅如此，由于内部包含大量空气，它还有良好的隔热性能。基于这些优良性质，气凝胶在航天领域有着不可替代的用途，在航天飞机和火星探测器上都有它的身影。

自制电风扇 你能做到吗？

会玩会玩，电风扇借我吹吹呗！
有本事自己做啊！
陈会玩
该怎么做呢？
有了！
阿基米吴
陈会玩
电池
阿基米吴
电池
磁铁
铜丝
磁铁
阿基米吴
陈会玩

实验需要的器材

卡纸、剪刀、铜线圈、电池、磁铁、双面胶

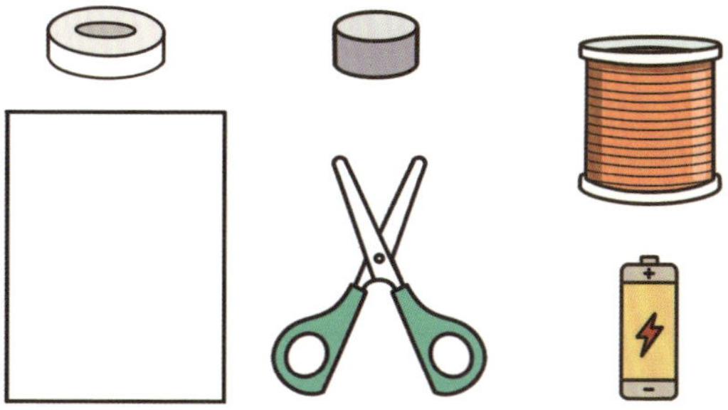

1. 首先在卡纸上画出风扇叶片，把它剪出来，将风扇每个叶面都向同一个方向折出一个角度。

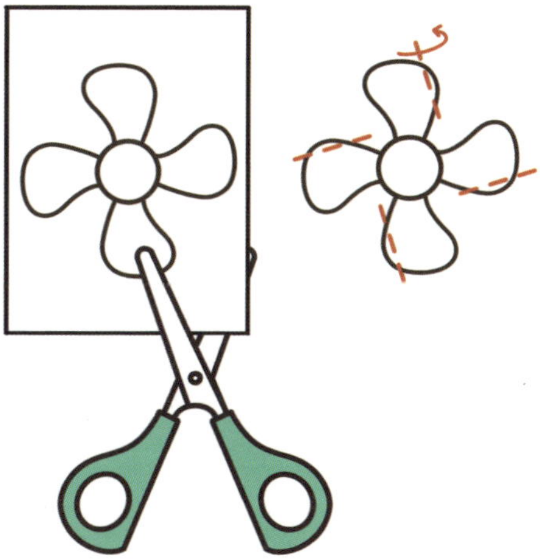

2. 然后取一截铜线圈，把它弯成一个带凹陷的矩形（如下图），在凹陷的一边粘上叶片。

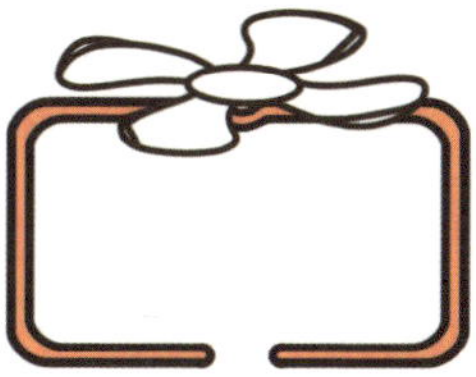

3. 最后把磁铁吸在电池负极，线圈凹陷处对准电池正极，另一端箍在磁铁上，就可以看到线圈旋转起来了。

注意 如果风扇转起来但并未吹出风，尝试将扇叶反过来粘在铜线圈上。

自制电风扇的秘诀：电流的磁效应

通电的导线周围存在与电流方向有关的磁场。

本实验中，铜线圈与电池和磁铁相接触后，构成闭合电路，产生电流。通电后的铜线圈在磁场中受力不断旋转，带动顶部扇叶转动产生风。

敲黑板：磁场和通电导线的超级组合

电动机的原理：电动机内部包含能转动的线圈和固定不动的磁体，电动机通电后，线圈有电流通过，就能在磁场的作用下旋转。

扬声器的原理：扬声器由永久磁体、线圈和锥形纸盆组成，当线圈中有电流通过时，线圈就会受到磁铁的作用而运动，由于线圈中的电流大小、方向都不断变化，线圈的运动方向、幅度也不断变化，由此带动纸盆来回振动，扬声器也就发出了声音。

课本大发现：（这些知识课本里都能找到哦！）

磁场对通电导线的作用：《物理》九年级全一册 第二十章第四节

通电导线在磁场中受到的力：《物理》高中选修 3-1 第三章第四节

笔记

天才思维会发散 你明白了吗?

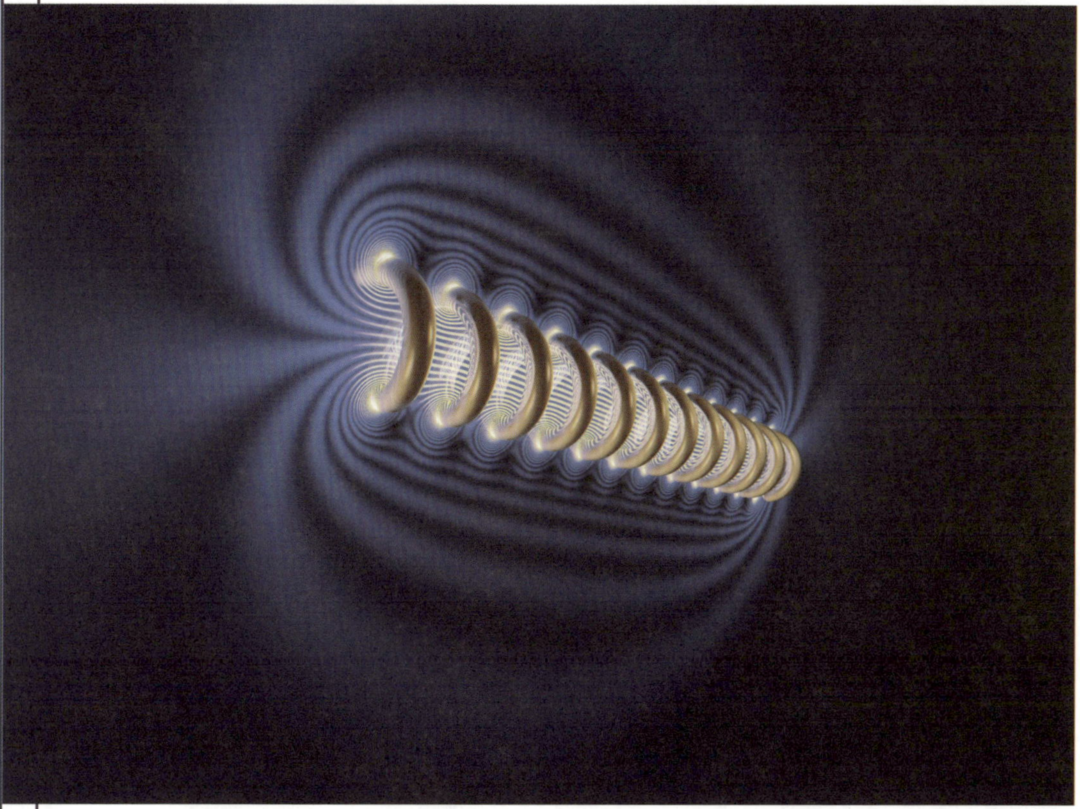

——安培力在军事上的应用——电磁炮——

大家对于电磁炮的认知可能来自各种各样的科幻战争作品。事实上，电磁一直都是各国的重点研究对象。常规大炮利用火药燃气推动炮弹，电磁炮则借助电磁场产生的安培力来达到加速炮弹的目的。

电磁炮的炮身有一条长长的金属导轨，炮弹置于导轨之上。电磁炮发射时，金属导轨间产生强磁场，导轨间的炮弹流过电流，在磁场作用下产生极大的安培力，从而能以一个极高的初速度发射出去。

由于无需点火，因此电磁炮有着良好的隐蔽性。此外，电磁还具有弹速快、精度高、射程远、价格低的优势。作为一种新式武器，未来它将广泛应用于反导、防空、反装甲系统等领域。

消失的玻璃棒 你能做到吗？

实验需要的器材

水、食用油、透明玻璃杯、透明玻璃棒

1. 首先往透明玻璃杯中倒入 1/3 杯水，再倒入 1/3 杯食用油。

2. 然后将一个透明玻璃棒放入杯中。

3. 透过杯壁观察玻璃棒，发现油层里的玻璃棒看起来像消失了。

为什么玻璃棒看起来像消失了？

光的折射：光从空气斜射入另一种介质时，会因传播速度不同而发生折射。此时折射光线向法线方向偏折，折射角小于入射角。如果光线从空气垂直进入另一种介质，则传播方向不变。

由于食用油和玻璃的折射率几乎相同，光线没有折射而是直线穿过玻璃棒，因此肉眼分辨不出油中还有别的介质，玻璃棒看起来就像消失了一样。

敲黑板：海市蜃楼的产生

太阳照射地面后，不同高度的温度不同，因而空气密度也不同，对光的折射率也不相同，因此地平线以下本不能直射入眼中的光经过密度不同的空气层时发生多次折射，弯曲地进入了观察者的眼睛。而人眼会本能地以为光线沿直线传播，因此看到物体出现在了本不存在的地方。

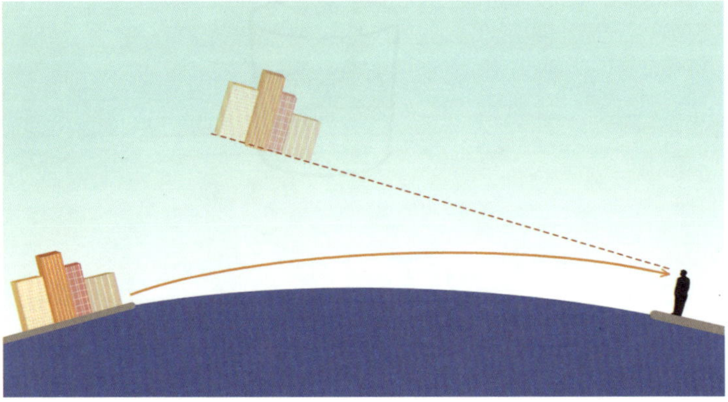

课本大发现：（这些知识课本里都能找到哦！）

光的折射：《物理》八年级上册 第四章第四节

光的反射和折射：《物理》高中选修 3-4 第十三章第一节

天才思维会发散 你明白了吗?

—— 闪烁的星星 ——

“一闪一闪亮晶晶，满天都是小星星”，为什么天上的星星总是闪烁着，像人一样“眨眼”呢?

原来，地球包裹着一层厚厚的大气。受环境的影响，大气的密度并不是均匀的，折射率也就因此不同，星光在穿过大气时就会不断发生折射。由于大气处于不断运动之中，它的疏密程度也在不断变化，因此光线的落点也在不断变化。有时星光恰好能折射入人的眼睛，有时候却不能，在人看来就好像星星在一直闪烁着。

笔记

N
S
S
N

第三辑

会变魔法的数学

直尺量树 你能做到吗？

量树。
陈会玩，你干嘛呢？
用直尺量树？
不然你有更好的办法？
太阳高度角45°
树的高度和影子等长，通过测量出影子长10米，量出树的高度大约10米。
45°
10米
阿基米吴
这也行？
10米
陈会玩

实验需要的器材

手机／电脑（用来查太阳高度角）、待测量的树、草稿纸和笔（方便后面进行计算）、尺子

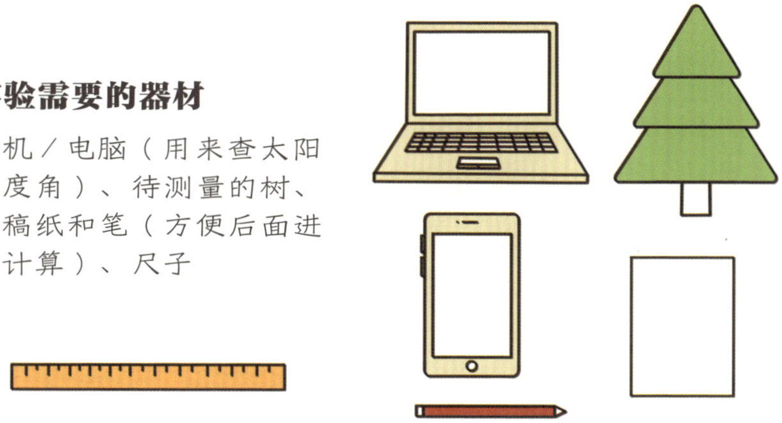

1. 首先测量树的影子长度。

2. 再记录测量时间，在网上查询所在城市经纬度。

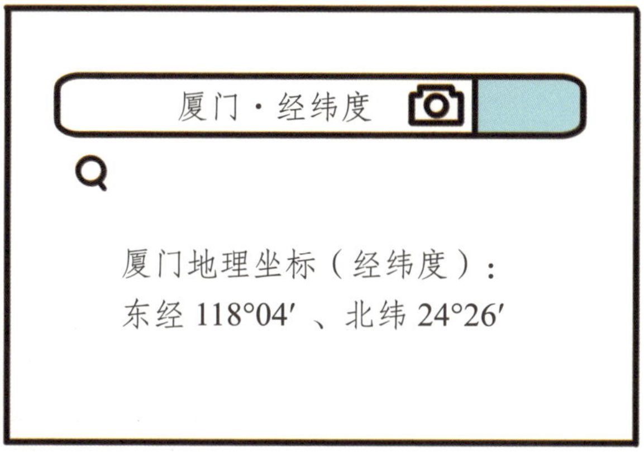

3. 然后上网搜索“太阳高度角计算器”，输入自己城市的经度、纬度、时间，查询太阳高度角的数值。

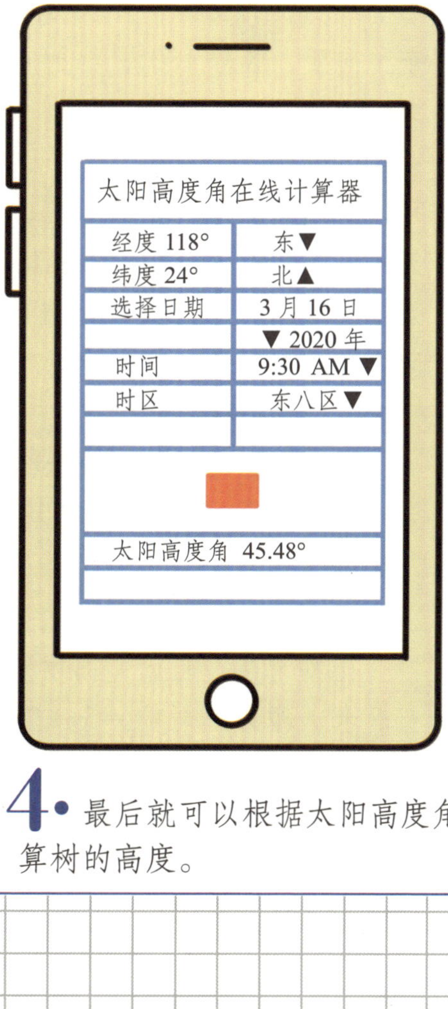

4. 最后就可以根据太阳高度角计算树的高度。

经线纬线是人们为了方便测量和定位，为地球画的虚拟辅助线，能够标示地球上的任何一个位置！找一个大西瓜或者皮球，试试根据下面的指引画出经线和纬线吧！

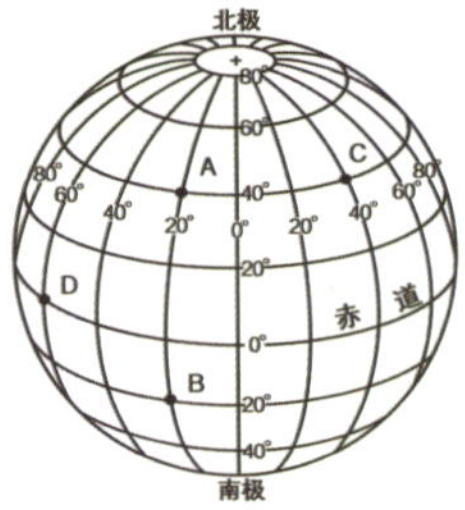

纬线和纬度：纬度，是指在地球坐标系上的纵向坐标。指示东西方向。在地球中腰画一个与地轴垂直的大圆圈，使圈上每一点都和南北两极距离相等，这个圆圈就是“赤道”。然后画一些与赤道平行的圆圈，就是纬线啦！赤道的纬度为 0°。从赤道向北和向南，各分 90°，称为北纬和南纬，用“N”和“S”表示。

经线和经度：经度，是指在地球坐标系上的横向坐标。指示南北方向。画一些连接南、北两极，并且垂直于赤道的弧线，就是经线啦！经线也叫子午线。我们设定一条本初子午线的经度为 0°，是经度的起始线。由此向东和向西，各分 180°，称为东经和西经，用“E”和“W”表示。

太阳高度角：指太阳光入射方向和地平面的夹角，日出、日落时我们可以看到太阳从地平线出来，或从地平线落下，那时的太阳高度角为 0°，天气最热的中午，太阳当头照，那时的太阳高度角会接近 90°。根据季节不同，太阳高度角每个时段的数值也不同，这就是为什么我们可以根据当时的太阳高度角和影子长度来量树高。

特殊角直角三角形边长比例：

当角度 ≈ 30° 时　树高 = 影子长度 ÷1.73

当角度 ≈ 45° 时　树高 = 影子长度

当角度 ≈ 60° 时　树高 = 影子长度 ×1.73

比如清晨，当太阳高度角是 30° 时，影树长 5 米，那么：树高 = 5÷1.73 ≈ 2.89 米

你来算一算，当太阳高度角是 60° 时　如果影子长 5 米，树高是多少呢？

课本大发现：（这些知识课本里都能找到哦！）

经纬度：《地理》七年级上册 第一章第一节

锐角三角函数：《数学》九年级下册 第二十八章第一节

太阳高度角：《地理》高中必修1 第一章第三节

天才思维会发散 你明白了吗?

—— 日晷的原理：太阳照射角度的变化 ——

在一天中，被太阳照射到的物体投下的影子在不断地改变着，首先是影子的长短在改变，早晨的影子最长，随着时间的推移，影子逐渐变短，一过中午它又重新变长；然后是影子的方向在改变，在北半球，早晨的影子在西方，中午的影子在北方，傍晚的影子在东方。

科学平分蛋糕 你能做到吗？

实验需要的器材

三根筷子、三根橡皮筋、一块扇形奶油蛋糕、蛋糕刀

1. 首先把三根筷子两两用橡皮筋捆在一起，做成一个简易圆规。

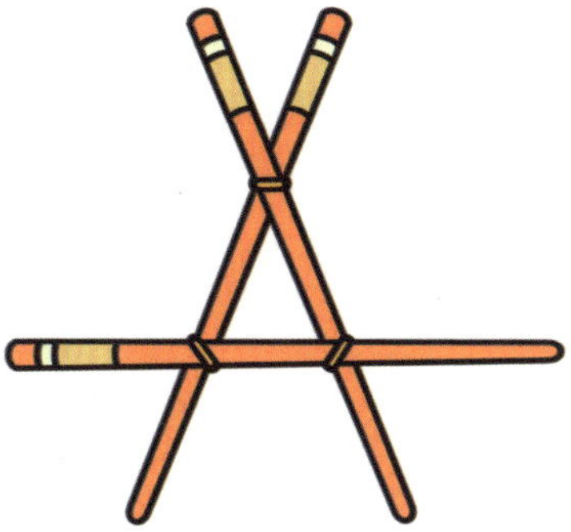

2. 然后以扇形蛋糕的顶点为圆心在扇形蛋糕上画一个圆弧，圆弧和蛋糕的边相交得到两个交点。

3. 再分别以两个交点为圆心画圆，令半径大到确保两条圆弧有交点，从而得到两条圆弧的交点。

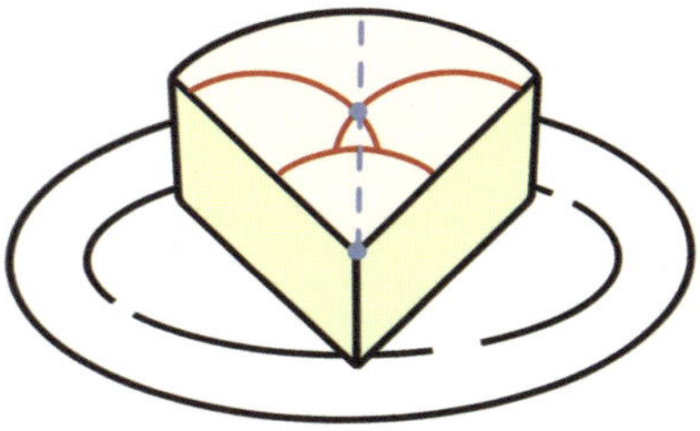

4. 最后连接扇形的圆心和圆弧交点，用刀沿着这条线切就能平分这块蛋糕了。

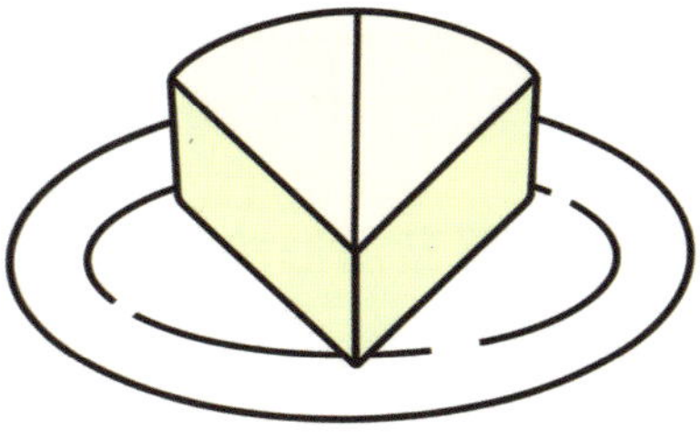

会玩课堂 这不科学？这是科学！

全等三角形是如何帮助我们平分蛋糕的？

能够完全重合的两个三角形叫作全等三角形，全等三角形的对应边、对应角相等。

本实验中，想要一刀将扇形的蛋糕平分，就需要找到扇形顶角的角平分线，因此我们可以尝试构造全等三角形：

如图，以 O 点为圆心作圆得到 A、B 两点，又分别以 A、B 点为圆心作半径相同的圆，两圆相交于 D 点，连接线段得到三角形 OAD 和三角形 OBD。

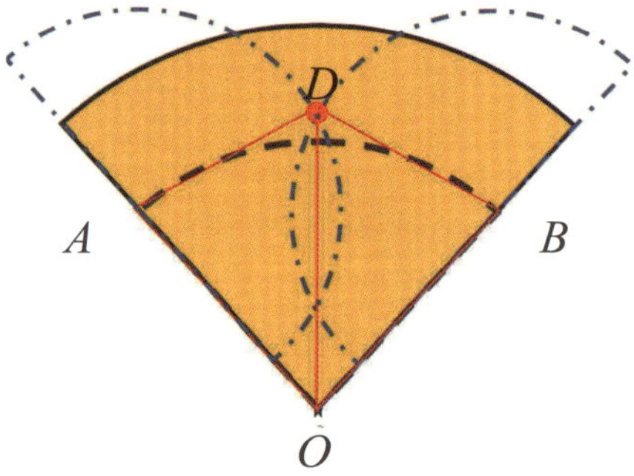

如图，由于 $OA=OB$，$AD=BD$，可以轻松证明△ OAD 和△ OBD 全等，

因此可以得到∠ AOD 和∠ BOD 相等，因此沿着 OD 这条线切下蛋糕，得到的蛋糕面积是一样的。

敲黑板：工人师傅的角平分仪

工人师傅的角平分仪：如图，AB、AD 和 BC、DC 是仪器上两对长度相等的部件。当需要找到某个角的平分线时，只需要将仪器的 A 点放置在角的顶点，AB、AD 沿着角的两边放下，由于三角形 ABC 和三角形 ADC 全等，因此无论角度如何变化，AC 始终是角 BAD 的角平分线。

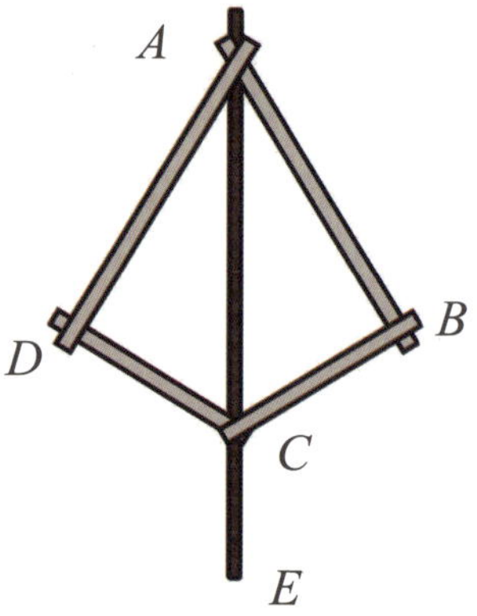

课本大发现：（这些知识课本里都能找到哦！）

全等三角形的判定：《数学》八年级上册 第十二章第二节

角平分线的性质：《数学》八年级上册 第十二章第三节

天才思维会发散 你明白了吗?

—— 全等三角形的历史 ——

最初，古人对全等三角形的认识都源于测量。古希腊学者泰勒斯（公元前 625 年至公元前 547 年）提出了第一个全等三角形的判定定理：若一个三角形有两角、一边分别与另一个三角形的对应角和对应边相等，则这两个三角形全等。这便是我们现在教科书中所学的“角边角”或“角角边”定理的雏形。

系统的全等三角形判定定理由古希腊“数学之父”——欧几里得（公元前 330 年至公元前 275 年）整理得出，他利用公理化体系对当时零碎的几何知识做了总结，在他所著的巨作《几何原本》中提到了全等三角形的三个判定定理：“边角边”定理、“边边边”定理和“角边角”定理。

在随后的历史长河中，不少数学家也对三角形的全等判定提出了自己的见解，如古希腊哲学家斐罗、阿拉伯数学家阿尔·奈里兹都先后采用不同方式进行证明。经过演变，最终有了我们现在看到的一套完整的全等三角形判定体系。

纸|片|穿|过|人| 你能做到吗？

这次你能让人从
A4 纸中穿过吗？
阿基米吴
又是空间
几何！
点、拓扑与欧拉的
七桥问题
阿基米吴
这是什么啊？
拿去瞧瞧！
阿基米吴
陈会玩

实验需要的器材

白纸、剪刀、铅笔

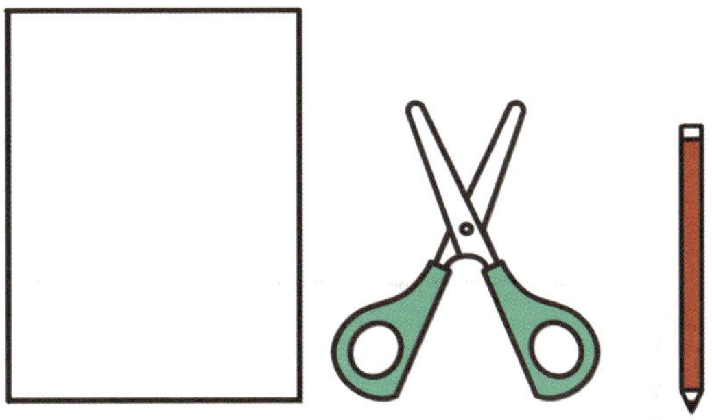

1. 首先将白纸沿长边对折。

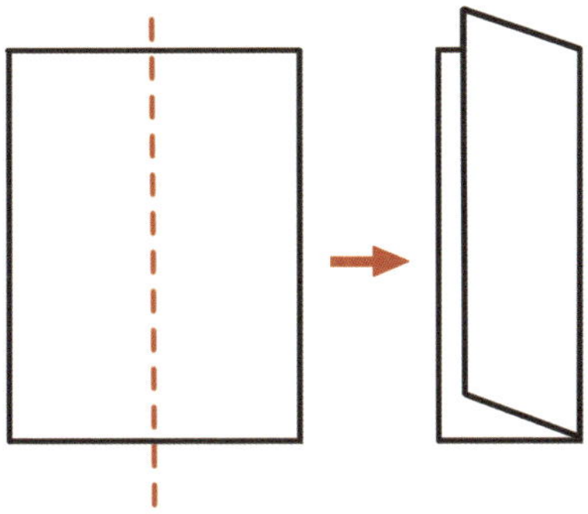

2. 然后在折好的白纸两长边分别从左至右和从右至左画上2/3短边长度的平行线段。

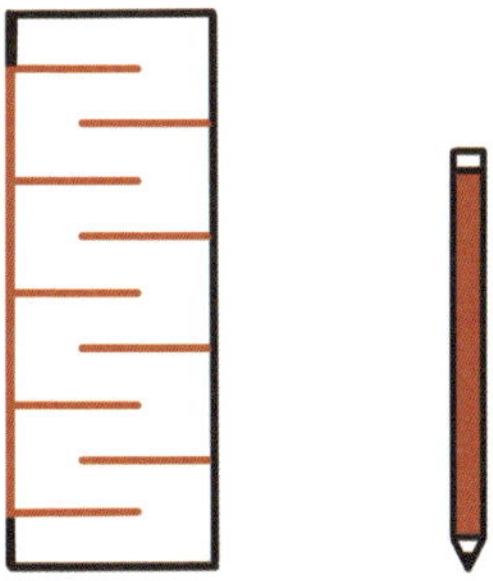

3. 最后沿着线段剪白纸，小心撕开连接处，白纸就变成了一个长长的椭圆环。

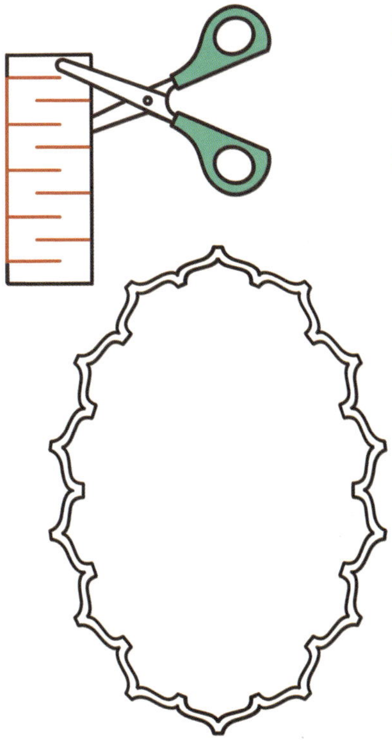

注意 最外侧的线段要从折叠的边开始画。

会玩课堂 这不科学？这是科学！

如何剪纸让纸环变得更大？

本实验中，沿着红线将 A4 纸剪开，A4 纸就不会被剪断，仍能保持一个整体，但此时所有纸片连在一起构成了一个纸环。切开的纸条数量越多，构成的纸环就越大。理论上纸条如果切得足够细，纸张就能穿过任何大的物体。

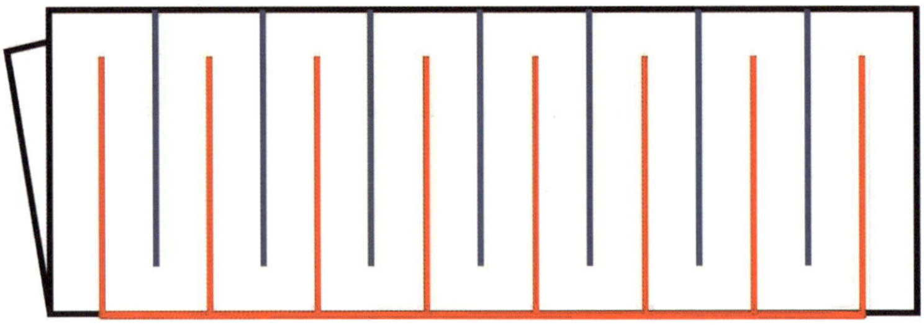

假如只是沿着 A4 纸外圈剪下边框，形成的圈只有 A4 纸的边长大小，而 A4 纸内部的面积相当于白白“浪费”掉了。而采用本实验中的剪纸方式，则能用上 A4 纸的全部面积，从而利用有限的大小剪出很大的纸环。

笔记

天才思维会发散 你明白了吗?

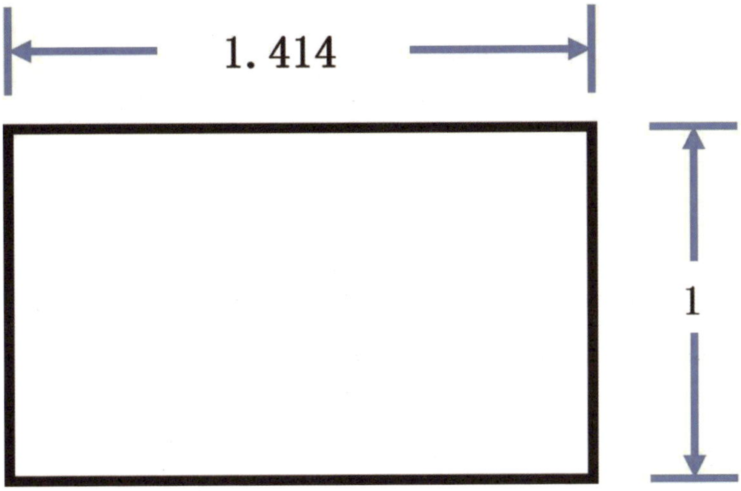

—— A4 纸尺寸的由来 ——

A4 纸是我们日常生活中使用频率最高的纸张类型，从办公打印到绘画涂鸦，再到折纸飞机……但是，你有没有想过，它为什么是这样一个大小和形状呢？

A4 纸的尺寸源自国际化标准 ISO 216 对于纸张标准尺寸的定义。它的尺寸为 297 mm×210 mm，不难发现，它的长宽比恰好为$\sqrt{2}:1$。

为什么是这样的尺寸与比例呢？这就要从纸张的生产说起了，所有以“A”开头的纸张都由 A0 纸裁剪而来。将 A0 纸从长边处拦腰切成两半，就得到了两张 A1 尺寸的纸，将 A1 纸以同样方式裁剪，就得到了两张 A2 纸，以此类推。A4 纸便是 A0 纸经过第 4 次裁剪而来的，而只有当长宽比恰好为 $\sqrt{2}:1$ 时，A 系列的纸能恰好裁成更小一号的两张纸，使它们的长宽比都相同而无需进行多余的裁剪，从而大大提高了纸张的利用率。而为便于计算，A0 纸便被定义为 841 mm×1189 mm，它的面积恰好是 1 m^2，这样一来，后续所有“A”组纸张的尺寸也就确定了。

一刀八个正方形 你能做到吗？

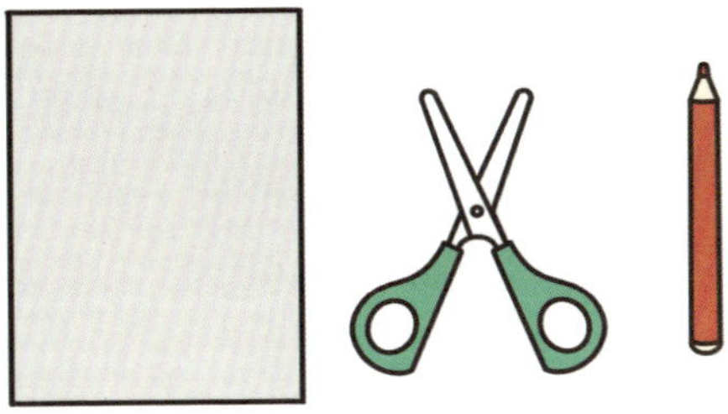

实验需要的器材

白纸、彩笔、直尺、剪刀

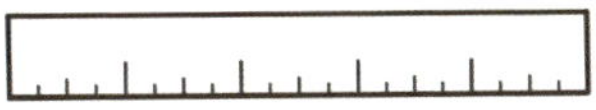

1. 首先准备一张长是宽的两倍的白纸。用直尺和彩笔在纸上划线，将它等分为八个正方形。

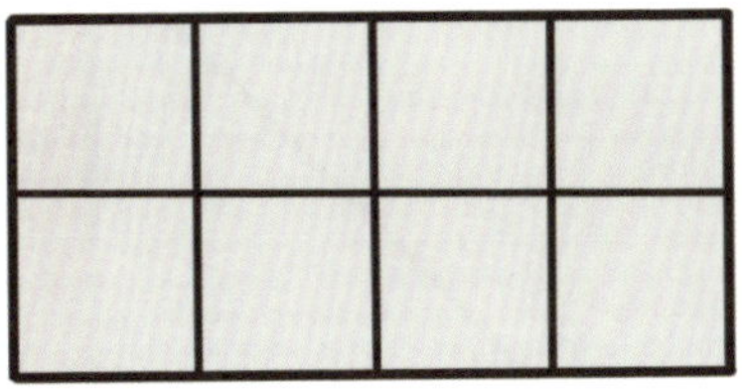

2. 给正方形相间上色，然后把纸从左边的3/8处向上折起来，再从右边的3/8处向下折起来。

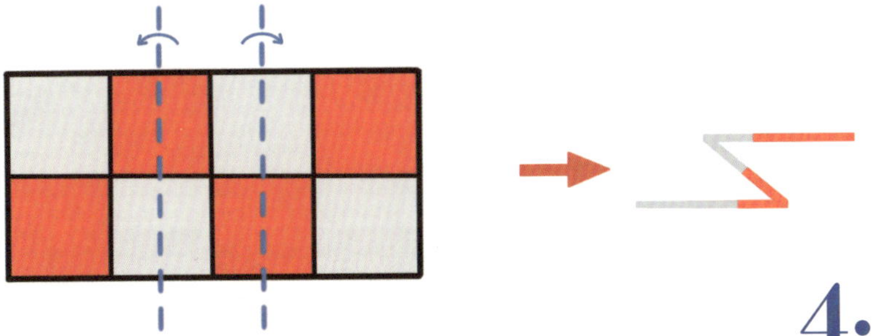

4. 此时沿着中线将折好的三角形剪开就可以把八个小正方形分开了。

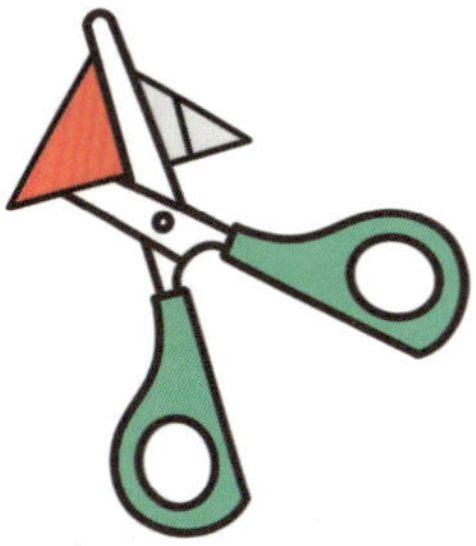

3. （此时应是一个正方形）再沿着对角线折一下，最后再对折一次。

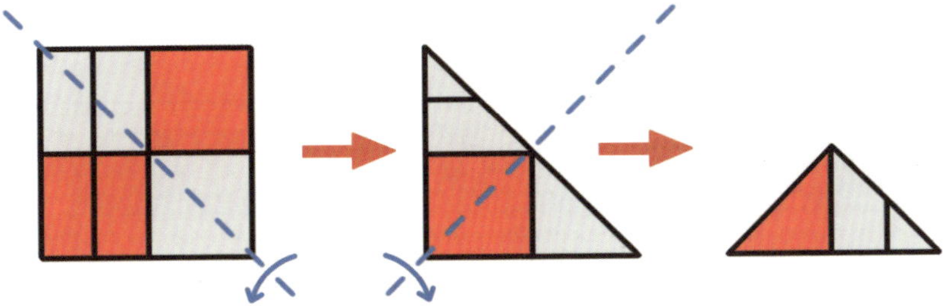

剪纸的艺术

剪纸：剪纸是民间艺术家用剪刀、刻刀等工具，对纸进行剪、刻、镂空等艺术加工，使之达到造型的目的，最终成为具有美感的平面造型艺术品。在将纸张折叠后，红色方块的边线互相重叠，白色方块的部分也互相重叠，并且红、白两部分分别在等腰直角三角形左右两边对称，因此沿着等腰直角三角形的中线剪开，就能将红色方块和白色方块完全分开。

敲黑板：剪纸在生活中的应用

折叠剪纸：将纸张经过多次对折后进行裁剪，再展开纸张就能得到有规律的、整齐的镂空图案，如剪窗花、剪喜字等，都采用了折叠剪纸法。

课本大发现：（这些知识课本里都能找到哦！）

剪纸：《美术》九年级上册 第二章第一课

天才思维会发散　你明白了吗？

—— 中国剪纸的发展历程 ——

剪纸艺术最早可以追溯到公元前6世纪，那时纸还没出现，但人们已学会将树叶、皮革等镂空制作成工艺品。真正意义上的剪纸是随着汉代纸张的发明才出现的。我们熟知的北朝民歌《木兰辞》中有一句“对镜贴花黄”，其中的“花黄”正是女性用于装饰自己的剪纸，这说明在当时剪纸艺术已经被广泛运用。

唐朝剪纸艺术发展迅猛，剪纸已融入各地的民俗之中，杜甫的诗句中也曾提到“暖水濯我足，剪纸招我魂”。从保存于大英博物馆的唐代剪纸中可看出当时剪纸手工艺术水平已极高；而在明、清时期，剪纸工艺达到鼎盛，不仅种类丰富，剪纸的运用范围更加广泛，灯彩、刺绣、扇面甚至陶器都可以利用剪纸作为装饰再加工而成。剪纸不仅仅被作为简单的装饰品，更表现了广大民众的生活情趣与审美，它寄托了百姓对美好生活的向往，也承载着厚重的历史文化，具有极高的社会价值。

神奇的“莫比乌斯环” 你能做到吗？

实验需要的器材

一张长条矩形红色卡纸、剪刀、双面胶

1. 首先将长条矩形卡纸沿着长边剪成两条。

2. 然后把它们的中心用双面胶粘在一起，再把它们的两端旋转180°粘在一起，形成两个莫比乌斯环。

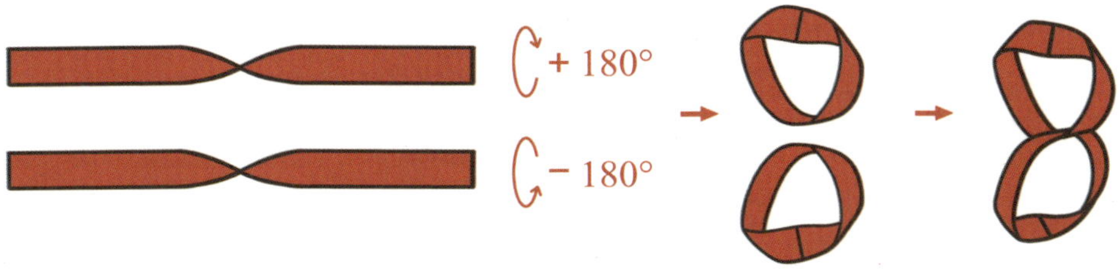

3. 最后沿着中线把莫比乌斯环剪开，再把它们拉开，就得到了两个超大的爱心。

什么是莫比乌斯环？

莫比乌斯环：将一根纸条的一端扭转 180° 后粘到另一端，就形成了莫比乌斯环，它是一种拓扑学结构。在莫比乌斯环上没有正反两面之分，而是统一成了一个面。

如果沿着莫比乌斯环的中间剪开，将会形成一个比原来的莫比乌斯环空间大一倍的环，而将两个互相粘连的莫比乌斯环分别沿中间剪开，它们便会互相套在一起。

敲黑板：莫比乌斯环的妙用

传送带：传送带采取莫比乌斯环的连接方式，就能充分利用材料的两面，避免只对一面带来过度的摩擦损耗，从而延长传送带的使用寿命。

磁带：将磁带做成莫比乌斯环的形状，可以充分利用磁带的表面积，并且播放过程中无需翻面。

奖牌的套绳：将奖牌或者工作证的套绳做成莫比乌斯环的形状，奖牌就能服帖地平行于胸前不会旋转。

课本大发现：（这些知识课本里都能找到哦！）

神奇的莫比乌斯带：北师大版《数学》六年级下册 数学好玩

天才思维会发散 你明白了吗?

—— 莫比乌斯环的发现 ——

德国数学家莫比乌斯曾困惑于一道几何学难题：如何将一张长方形纸条在只涂一面的情况下，把整个纸条正反面都涂上颜色而不留空白。如果将纸条首尾相连，势必只能涂完其中一个面。那么，能不能做成一个只有一个面的纸圈呢？

苦恼之余，他来到野外散步，一片片肥大的玉米叶子，在他眼里变成了他脑中绿色的纸条。叶子弯曲耷拉下来，有一些叶子扭成了半圆形。他随便撕下一片，顺着叶子自然扭曲的方向对接成一个圆圈儿，他惊喜地发现，这就是他梦寐以求的那种圈。莫比乌斯捉了一只小甲虫，放在上面让它爬。结果，小甲虫爬遍了圆圈儿的所有部分且无需跨越叶子的边界。莫比乌斯环就这样被发现了。莫比乌斯环在几何学、拓扑学结构以及天文学上都有着重要的作用。

“大”圆穿过“小”方孔 你能做到吗？

实验需要的器材

白纸、剪刀、直尺、铅笔、一张光盘

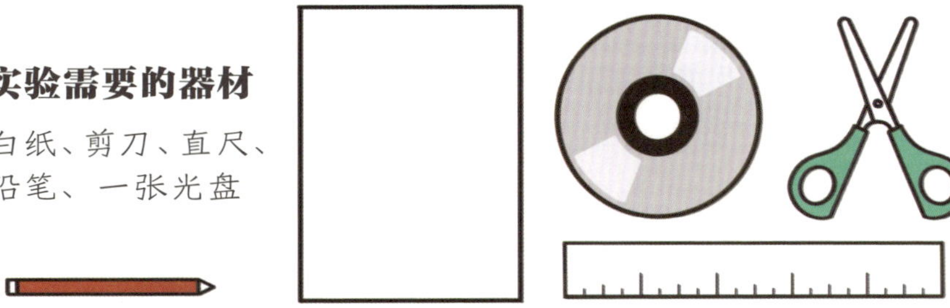

1. 首先把一张 A4 白纸沿短边对折一次，再沿长边对折一次。

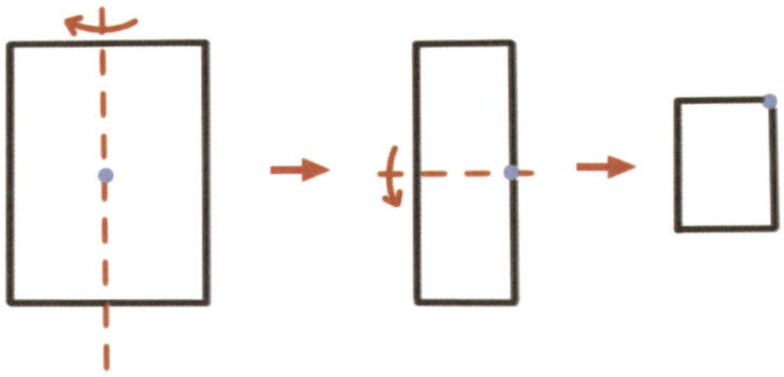

2. 然后在折好的白纸中心那个角的两边各取至少 2.45 cm 做上标记。

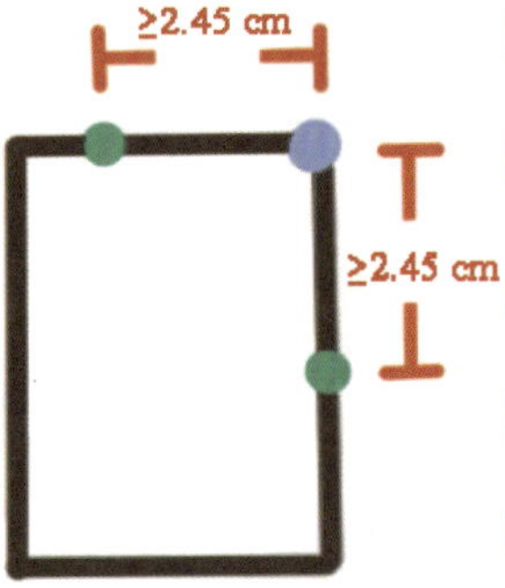

3. 再沿标记剪掉这个角，展开，发现光盘穿不过这个正方形。

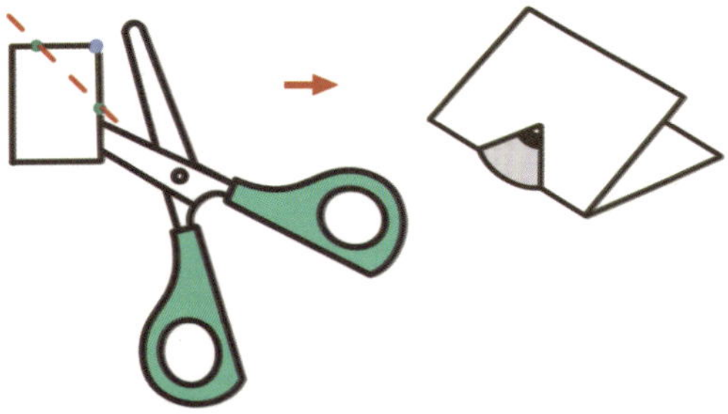

4. 最后把它沿短边折回来，再捏着折痕向下翻，使正方形的两条边在一条直线上，此时光盘已经可以穿过这个缝隙。

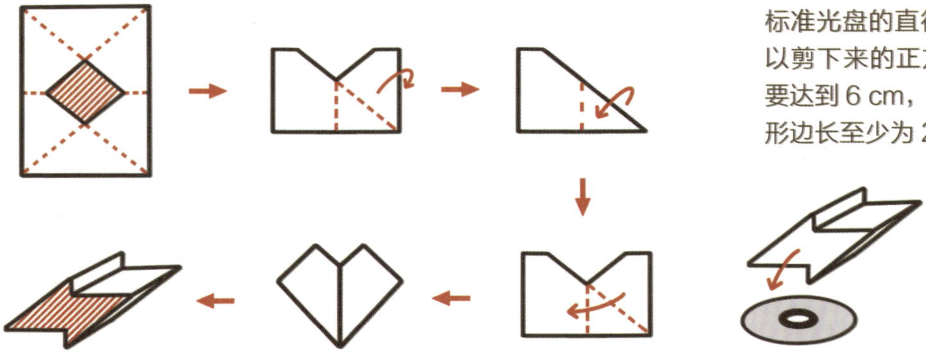

注意

标准光盘的直径为 12 cm，所以剪下来的正方形的边长至少要达到 6 cm，标记的等腰三角形边长至少为 2.45 cm。

会玩课堂 这不科学？这是科学！

为什么“大”圆可以穿过“小”方孔？

A4 纸上的正方形孔无论是边长还是对角线长度都小于光盘直径，因此光盘无法直接穿过正方形孔。纸张的折叠过程，其实是将正方形孔“压缩”成菱形的过程，在此过程中虽然小孔的面积变小，但边长不变，而菱形的其中一条对角线变长，大于光盘的直径，因此便能将光盘穿过。

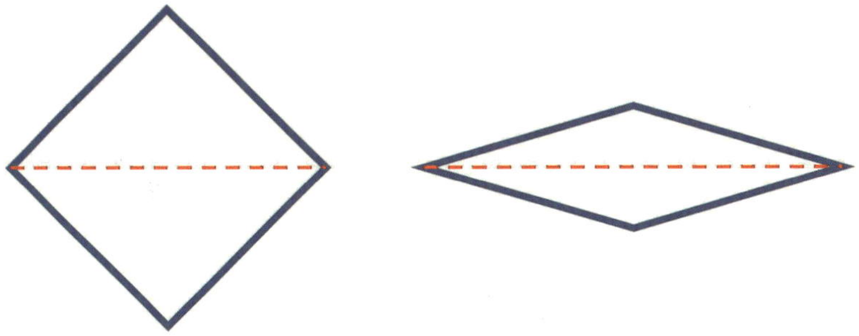

敲黑板：菱形在生活中的应用

菱形不同于三角形，具有不稳定性，利用这个性质可以做成具有伸缩性的东西，如伸缩的衣帽架、学校大门口的伸缩门、千斤顶等。

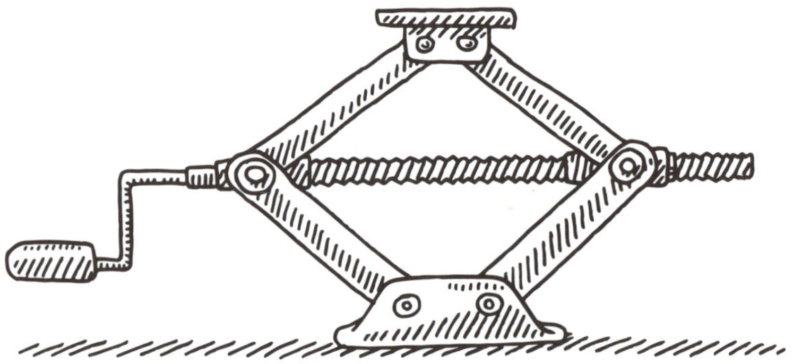

课本大发现：（这些知识课本里都能找到哦！）

菱形：《数学》八年级下册 第十八章第二节

天才思维会发散 你明白了吗？

三浦折纸法

假设你要随身带一张特别大的纸地图，又需要能将其折叠到巴掌大小以方便装入口袋，你会如何去折叠？大部分人可能都会采用“对折，再对折”的传统方式，但这样一来不仅折叠和展开耗时较长，纸张还容易在折叠过程中磨损。

日本航天工程师三浦公亮发明了一种名为“三浦折叠”的方法，只需要将纸张折叠形成特殊的褶皱，再沿单一轴线方向拉伸，整张纸便能展开成平行四边形的“棋盘”，要收拢时则反向一推即可，这种方法不仅能迅速折叠，而且节省空间，避免了折叠过程对材料的损耗。1995 年，以三浦折叠思路设计的太阳能电池板被实际用于日本的一颗卫星上。

科学平分不规则蛋糕 你能做到吗？

实验需要的器材

矩形的蛋糕、蛋糕刀、筷子

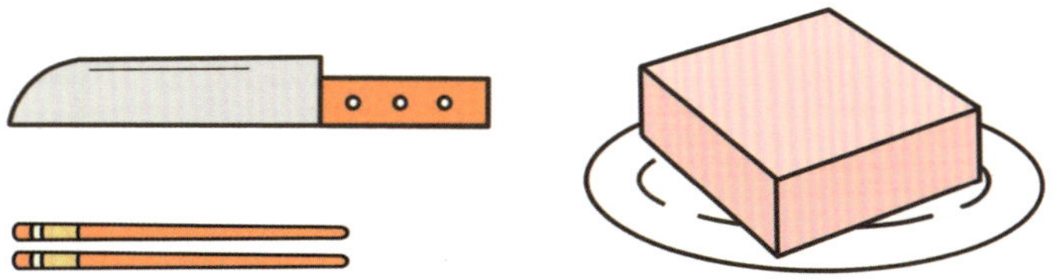

1. 首先用筷子在矩形蛋糕上划出一小块矩形，把它切掉。

2. 然后用筷子在剩下的蛋糕顶上画一条边，把它分成一大一小两个矩形。

3. 再用筷子画出两个矩形的对角线，接着连接两组对角线的交点。

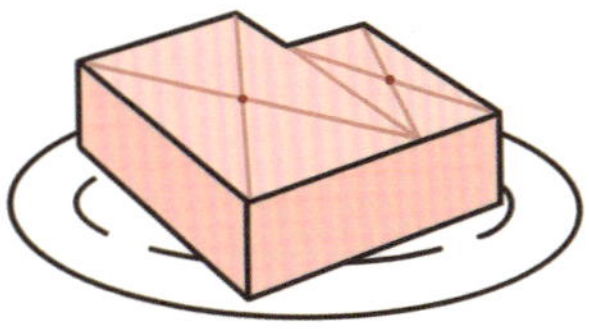

4. 最后用蛋糕刀沿着这条连接交点的直线切下去，就成功平分这块不规则的蛋糕了。

中心对称是什么？

中心对称：对于一个中心对称图形，过它对称中心的任意一条直线，都会将其分成完全相同的两部分。矩形是中心对称图形，因此过矩形中心的任意直线都将矩形分割为完全相等的两部分。

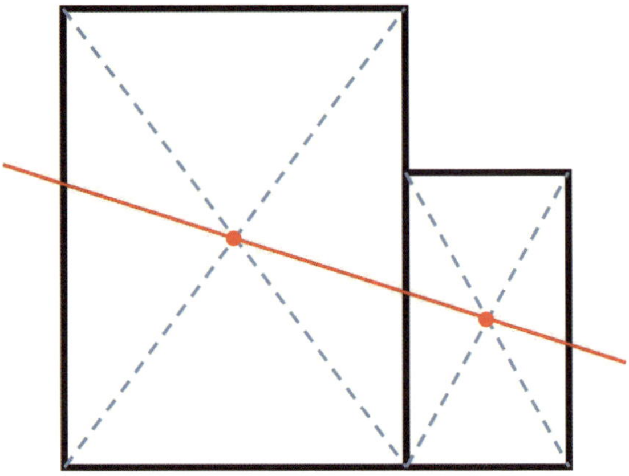

本实验中，不规则的蛋糕首先被划分为两个矩形，然后分别连接两个矩形的对角线找到它们的中心点。最后过两个矩形的中心做直线，将不规则图形分为上下两部分。

根据中心对称图形的性质可得，上半部分面积为“大矩形的一半 + 小矩形的一半”，下半部分面积也为“大矩形的一半 + 小矩形的一半”，因此上下两部分面积相等。

敲黑板：中心对称的妙用

除了一些基本的几何图形（直线、线段、圆、平行四边形、正偶数多边形）是中心对称图形以外，中心对称图形还广泛存在于生活和自然之中，如雪花、风车扇叶、剪纸窗花等。

课本大发现：（这些知识课本里都能找到哦！）

矩形：《数学》八年级下册 第十八章第二节

中心对称：《数学》九年级上册 第二十三章第二节

天才思维会发散 你明白了吗?

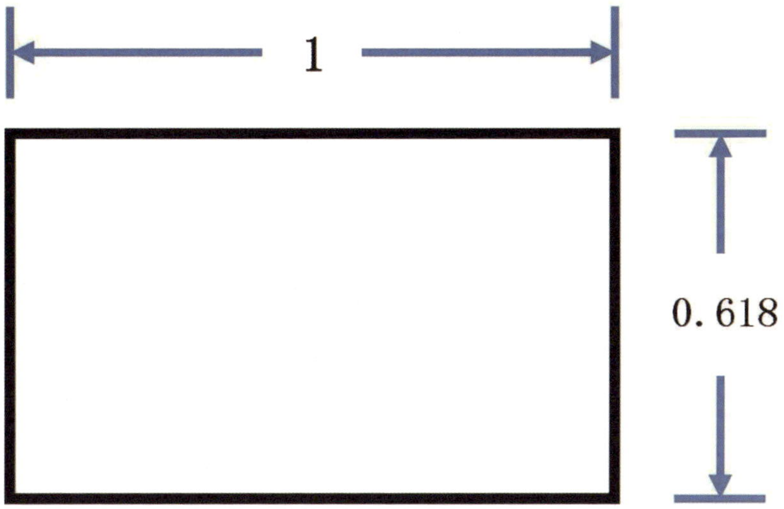

黄金矩形

我们知道有一个角是直角的平行四边形都叫矩形。而有一种矩形的长和宽之比满足黄金分割比，即长：宽为 1：0.618，这种矩形被称为黄金矩形。黄金矩形由于其独特的长宽比能带来画面美感，使人愉悦。很多艺术品都运用到了黄金矩形，如蒙娜丽莎的面部框架符合黄金矩形；古希腊雅典的特农神庙的建筑外观和黄金矩形近似；国旗的比例也接近黄金矩形。

为什么人们对于这种比例会本能地感到美呢？其实这与人类的演化有关。据研究，从猿到人的进化过程中，人体结构中有许多比例关系都趋近于0.618，如小腿与大腿长度之比，前臂与上臂之比，从肚脐到脚底与身高之比等。而人会本能地偏好自己熟悉的事物，因此面对满足黄金分割比率的事物时，人会感觉到格外舒适。

笔记

自制“万花尺” 你能做到吗？

你在干吗呢？
阿基米吴
陈会玩
别吵，我在学画繁花曲线。
繁花曲线？不用这么麻烦。
阿基米吴
偏心洞
瓶盖
内部贴双面胶
双面胶
你不要耽误我画画好不好！
你看好啦！
阿基米吴
哇！

实验需要的器材

瓶盖、双面胶、
笔、白纸、钉子

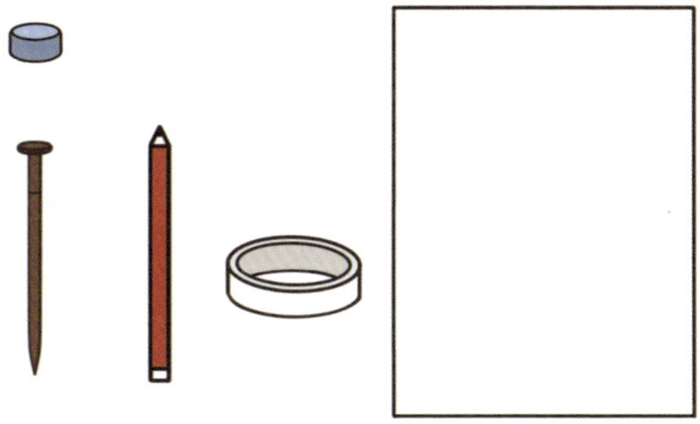

1. 首先用钉子把瓶盖戳一个洞，这个洞可以选在圆半径的中点上。

注意

（1）使用钉子时应该格外小心，防止被刺伤。
（2）画繁花曲线时，有洞的瓶盖面必须紧贴在纸上。

2. 然后把双面胶粘在双面胶圈的内部。

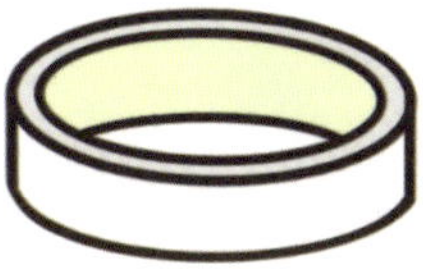

3. 再把瓶盖外侧粘在双面胶圈上。

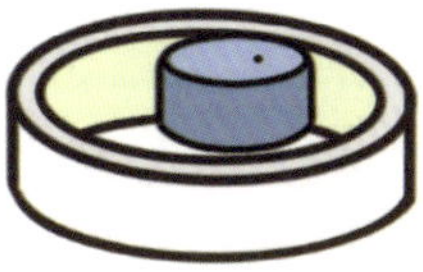

4. 最后用笔穿过小洞就可以在纸上画出繁花曲线了。

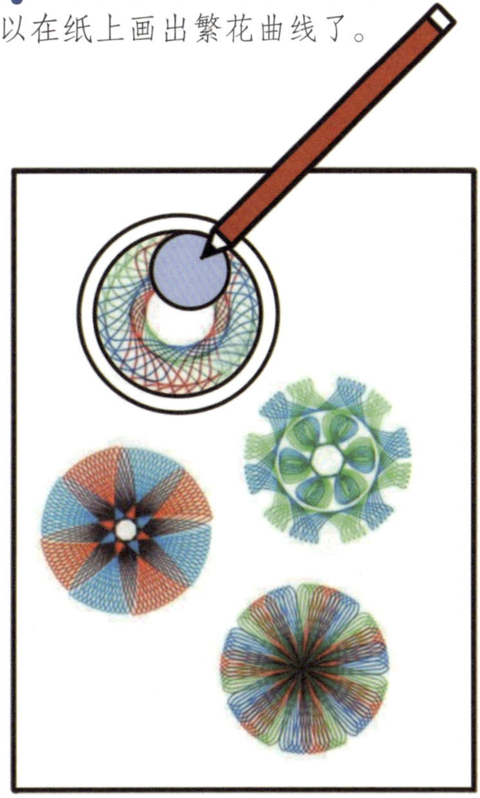

圆内旋轮线和内摆线

圆内旋轮线：一个半径为 r 的小圆围绕着半径为 R（$R>r$）的大圆内无滑动地滚动时，小圆上某一点 A 的轨迹称为圆内旋轮线。

圆内旋轮线的形状与大圆和小圆的半径之比 R/r、点 A 到小圆圆心点 c 的距离 d 都有关，如当 $R/r=2$ 时，内旋轮线是一个椭圆，而在其他情况下，内旋轮线往往呈现不同但具有规律的图案，如右图中的蓝色轨迹。

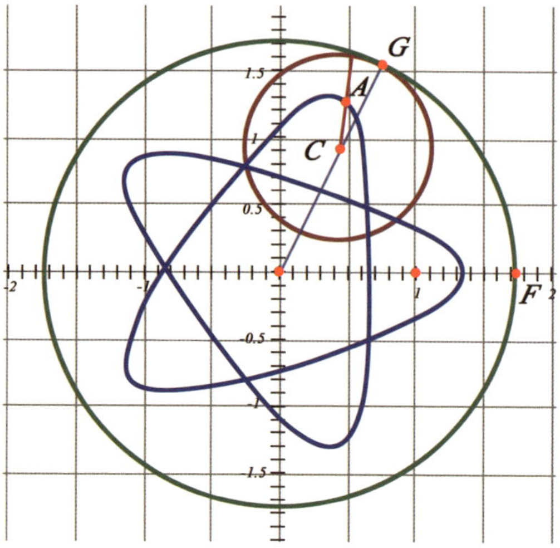

内摆线：当点 A 在小圆上（即 $d=r$）时，A 轨迹形成的旋轮线会呈现特殊的形状，此时 A 点的轨迹（如下图的红色轨迹）又被称为内摆线。

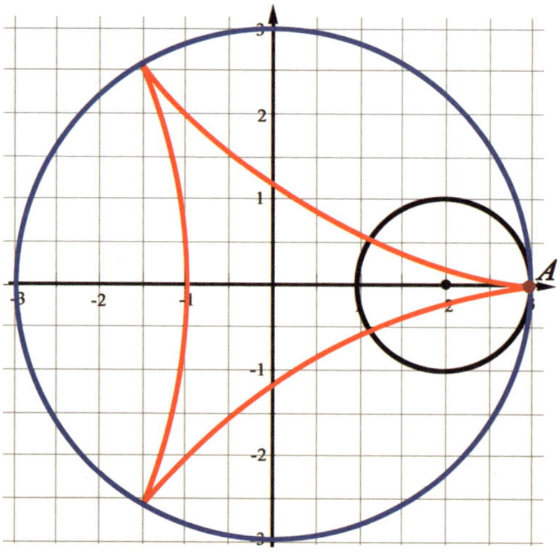

敲黑板：圆内旋轮线和内摆线在工业上的运用

圆内旋轮线和内摆线在数学和机械工程上应用广泛，如公共汽车的车门打开和关闭采取内摆线的轨迹，就能极大减少门的活动范围，节省空间。而把齿轮、活塞发动机等轮廓设计成内摆线，可以减少部件磨损，使传动更加平稳。此外，由于图案具有对称性和规律性，内旋轮线和内摆线也常被用于图案设计和建筑之中，如人民币上就用内旋轮线作为装饰。

课本大发现：（这些知识课本里都能找到哦！）

摆线及其应用：《数学》高中选修 4-4 第二讲第四节

天才思维会发散 你明白了吗？

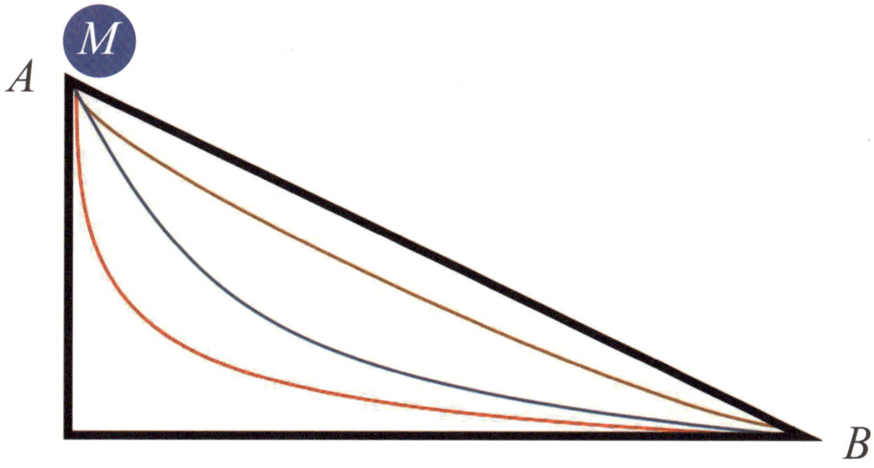

—— 最速降线 ——

用线条连接某一点 A 和斜下方一点 B，可以有无数种方式：直线、折线、任意曲线……假设每一种曲线都是一根滑槽，一个小球 M 在重力作用下顺着滑槽从 A 点无摩擦地滑向 B 点，哪条路径是最快的？

大多数人首先会想到沿 A、B 两点作直线。实际上尽管这是 A、B 两点间最短的线路，却不是小球最快到达的路线。

这便是数学史上经典的“最速降线问题”，它最早由伽利略在 1630 年提出，他认为这条“最速降线”是一段圆弧，但很快就被证明是错的——事实上，正确答案是一条摆线。

什么是摆线呢？当一个圆沿着一条直线无滑动地滚动时，圆周上某一个定点的轨迹就是摆线。在伽利略提出最速降线问题的数十年后，瑞士数学家约翰·伯努利再次提出了这个问题，随后多名著名数学家如莱布尼茨、牛顿、洛必达等都通过不同的方式得到了这个正确答案。

课本知识链接

第一辑 万物皆可立

鸡蛋大力士

压强：《物理》八年级下册 第九章第一节

能提起米的筷子

二力平衡：《物理》八年级下册 第八章第二节

摩擦力：《物理》八年级下册 第八章第三节

乒乓球的沉浮

浮力：《物理》八年级下册 第十章第一节

番茄酱潜水艇

浮力：《物理》八年级下册 第十章第一节

物体的浮沉条件及应用：《物理》八年级下册 第十章第三节

摔不碎的鸡蛋

浮力：《物理》八年级下册 第十章第一节

会爬坡的罐子

弹力：《物理》八年级下册 第七章第二节

动能和势能：《物理》八年级下册 第十一章第三节

机械能及其转化：《物理》八年级下册 第十一章第四节

杯沿立硬币

重心：《物理》八年级下册 第七章第三节

二力平衡：《物理》八年级下册 第八章第二节

斜立可乐罐

重心：《物理》八年级下册 第七章第三节

二力平衡：《物理》八年级下册 第八章第二节

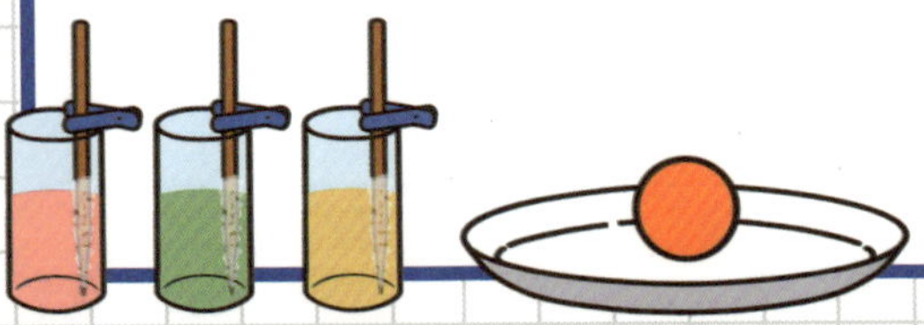

第二辑 好玩的声、光、电、热

叉子提硬币

磁现象：《物理》九年级全一册 第二十章第一节

磁记录：《物理》九年级全一册 第二十章第五节

隔空控物

两种电荷：《物理》九年级全一册 第十五章第一节

被拐跑的水流

电荷及其守衡定律：《物理》高中选修 3-1 第一章第一节

自制温度计

温度：《物理》八年级上册 第三章第一节

自制 3D 投影机

光的反射：《物理》八年级上册 第四章第二节

平面镜成像：《物理》八年级上册 第四章第三节

看见声音的振动

声音的产生与传播：《物理》八年级上册 第二章第一节

噪声的危害和控制：《物理》八年级上册 第二章第四节

塑料袋热气球

物体的浮沉条件及应用：《物理》八年级下册 第十章第三节

自制电风扇

磁场对通电导线的作用：《物理》九年级全一册 第二十章第四节

通电导线在磁场中受到的力：《物理》高中选修 3-1 第三章第四节

消失的玻璃棒

光的折射：《物理》八年级上册 第四章第四节

光的反射和折射：《物理》高中选修 3-4 第十三章第一节

第三辑 会变魔法的数学

直尺量树

经纬度：《地理》七年级上册 第一章第一节

锐角三角函数：《数学》九年级下册 第二十八章第一节

太阳高度角：《地理》高中必修 1 第一章第三节

科学平分蛋糕

全等三角形的判定：《数学》八年级上册 第十二章第二节

角平分线的性质：《数学》八年级上册 第十二章第三节

一刀八个正方形

剪纸：《美术》九年级上册 第二章第一课

神奇的“莫比乌斯环”

神奇的“莫比乌斯带”：北师大版《数学》六年级下册 数学好玩

“大”圆穿过“小”方孔

菱形：《数学》八年级下册 第十八章第二节

科学平分不规则蛋糕

矩形：《数学》八年级下册 第十八章第二节

中心对称：《数学》九年级上册 第二十三章第二节

自制“万花尺”

摆线及其应用：《数学》高中选修 4-4 第二讲第四节